KB139535

전환의 시대,
지역과 여성에서 길을 찾다

Local

Locality

Gender

Ecofeminism

民主主義

Care-Revolution

農

Solidarity

Pandemic

Commoning

Degrowth

계명대학교 여성학연구소
전환의 시대와 젠더 연구총서
1

전환의 시대, 지역과 여성에서 길을 찾다

계명대학교 여성학연구소
인문사회연구사업단 엮음

김은희 김재경 문재원 박치완 박혜영 안숙영 정숙정 지음

한티재

책을 펴내며

오늘날 우리는 코로나19에 따른 '전환의 시대'를 살고 있다. 코로나19가 가져온 충격의 강도가 얼마나 심대한 것이었는지를 표현하기 위해, 코로나19 이전의 시기를 BC(Before Corona)로 그리고 이후의 시기를 AC(After Corona)로 명명해야 한다는 이야기가 나올 정도다. 그만큼 코로나19가 미친 파장이 전면적이고 총체적이었다는 의미일 것이다. 그렇다면 이제 우리는 '코로나19 이후의 삶'을 어떻게 꾸려 가야 하는가? 코로나19가 지금까지 우리가 살아왔던 삶의 방식 혹은 생활양식에 근본적으로 물음표를 던지고 있다고 할 때, 이제 우리는 무엇을 이정표로 하여 우리의 삶의 방향을 새롭게 정립해 나가야 하는가?

『전환의 시대, 지역과 여성에서 길을 찾다』라는 제목으로 발간되는 계명대학교 여성학연구소 인문사회연구사업단의 '전환의 시대와 젠더 연구총서' 1권은 이러한 시대적 물음에 답하기 위한 이론적 및 실천적 시도의 첫걸음이다. '전환의 시대, 지역, 여성 그리고 삶의 생산'을 주제로 하는 우리 연구사업단은 교육부와 한국연구재단의 인문사회연구소지원사업에 신규 선정되어, 2022년 9월부터 코로나19에 따른 '전환의 시대'를 맞아 '지역', '여성' 그리고 '삶의 생산'을 핵심 키워드로 하여, 구체적인 삶의 터전이자 현장으로서의 지역의 중요성으로 시선을 돌리는 한편으로, 지역을 '상품의 생산'을 위한 공간이 아니라 '삶의 생산'을 위한 공간으로 변화시켜 나가기 위한 새로운 여정을 시작했다.

코로나19 이전의 지구화는 상품의 생산을 그 목표로 하고 있었다. 더 많은 상품을 더 저렴하게 생산하여 국경을 넘어 더 먼 곳에서 판매함으로써 이윤을 극대화하고자 했다. 코로나19의 전 지구적 확산은 그 종착지였다. 상품의 생산과 이윤의 극대화를 위해 자연은 천연자원이 되어 인간에 의해 무한히 착취되어야 했고, 여성의 일로 알려져 온 돌봄 또한 무제한 착취가 가능한 천연자원처럼 간주되어 무임금과 저임금의 악순환을 벗어나기 어려웠다. 이 과정에서 자연이 없이는 인간이 존재할 수 없으며, 삶/생명/생활의 창조와 유지를 그 목표로 하는 돌봄노동, 즉 삶의 생산을 그 목표로 하는 돌봄노동이 없이는 인간이 존재할 수 없다는 너무나 자명한 진실이 종종 잊히고는 했다.

지구화의 이러한 현주소는 자본주의 경제체제가 살아 있는 생명의 생산이 아닌 죽어 있는 상품의 생산에 초점을 맞추고 있음을 의미하며, 이런 맥락에서 독일의 사회학자이자 에코페미니스트인 마리아 미즈(Maria Mies, 1931-2023)는 이미 1990년대부터 '삶의 생산' 혹은 '자급 생산'이라는 개념을 바탕으로 돈을 생산하지는 않지만 "직접적으로 삶을 창조, 재창조, 유지하는 데 쓰이며 다른 목적을 갖지 않는 모든 일"의 중요성을 강조한 바 있다. 이러한 미즈의 오래된 통찰은 오늘날 우리가 코로나19 이후의 전환의 시대를 맞아 새로운 미래적 전망을 그려 나가고자 할 때, 왜 지역의 의미에 그리고 돌봄을 비롯한 여성 노동의 의미에 새삼 주목해야 하는지를 잘 보여 준다.

이런 문제의식의 확산을 위해, 연구사업단은 2023년 봄학기에는 "전환의 시대와 젠더: 기후위기, 에코페미니즘, 여성 농민"을 대주제로 하여, 그리고 가을학기에는 "전환의 시대, 지역에서 길을 찾다"를 대주제로 하여 '계명여성학세미나'를 개최했다. 이 세미나는 계명대학교 여성학연구소가 1997년부터 26년간에 걸쳐 매 학기 3회, 매년 6회에 걸쳐 진행해 온 프로그램으로, 대주제와 관련하여 기존에 발표된 논문들의 저자를 초청하여 그 문제의식을 공유하는 방식으로 진행되어 왔다. 2023년에는 전환의 시대를 지역과 여성의 관점에서 읽어 내고 있는 강연자들을 모심으로써 다학제적 네트워크의 구축을 통한 협업의 길을 모색하고자 했고, 이 연구총서는 그러한 협업의 결과물이기도 하다.

늘 그렇듯이, 한 권의 책이 세상에 나오기까지는 많은 분들의 노력과 지원이 함께한다. 무엇보다 먼저 연구사업단의 공동연구원분들, 전임연구원분들 그리고 연구보조원분들의 노고에 깊이 감사드린다. 첫출발은 누구에게나 힘겨운 법이다. 특히 전환의 시대를 그 배경으로 하여 지역을 젠더 관점에서 분석하고자 하는 시도가 아직 활발하지 않을 때는 더더욱 그렇다. 학술대회, 세미나, 포럼, 전문가 특강 등 다양한 행사를 기획하고 진행해 나가는 과정에서, 연구사업단 모두의 노력이 하나로 모이며 앞으로의 길이 구체적으로 그 모습을 드러내고 있어 그저 반가울 따름이다.

지역에서 인문/사회 분야 서적을 발간하는 일은 오늘날 거의 모험이자 도전에 가깝다. 수도권과 비수도권의 이분법하에서, 지역은 '수도권이 아닌 곳'으로, 즉 수도권의 타자로만 자리매김되는 오늘날의 현실에서도, "이곳에서 얼굴 맞대는 사람과 함께 책을 만들어 내고 싶다"는 일념으로, 그리고 지역에서의 여성주의 지식 생산 또한 지역에 위치한 출판사를 통해 이루어진다면 더욱 의미가 있겠다는 연구사업단의 문제의식에 고개를 끄덕이며 기꺼이 이 책의 발간을 맡아주신 대구지역 도서출판 한티재의 오은지 대표님께 특별한 감사의 마음을 전한다.

이 연구총서의 발간을 계기로 하여, 수도권이 아닌 곳으로서의 지역, 혹은 떠나야 할 곳으로서의 지역이 아니라, 사람과 사람이 서로 만나 대면으로 관계를 맺어 나가며 '좋은 삶'을 가꾸어 나가는 삶의 공간으로서의 지역에 대한 새로운 천착이 이루어지길 희망해 본다. 나아가 지역을 좋은 삶이 가능한 삶의 공간으로 만들어 나가기 위해서는, 좋은 돌봄이 무엇보다 필수적이라는 점이 보다 많은 이들에게 설득력 있게 다가가길 기대해 본다. 여성과 남성의 관계를 비롯한 인간과 인간의 관계 및 인간과 자연의 관계에 대한 반성적 고찰을 바탕으로, 지역이 인간에 대한 돌봄과 자연에 대한 돌봄을 실천해 나가는 장으로 거듭나길 꿈꾸어 본다.

2024년 5월
계명대학교 여성학연구소
인문사회연구사업단을 대표하여
안숙영

차례

전환의 시대와 젠더

상품의 생산을 넘어 삶의 생산으로

안숙영

✽ 이 글은 『여성학연구』 제33권 1호(2023. 4) 7~34쪽에 게재된 글을 단행본의 발간 목적에 맞
춰 수정 및 보완한 것이다.

머리말

오늘날 우리는 '전환의 시대(Era of Transformation)'를 살고 있다. 코로나19 팬데믹이 전 지구의 모든 대륙을 강타하며 사람과 사람의 직접적인 대면 접촉과 관계 맺음을 어렵게 만들어 온 가운데, 이전과 같은 모습으로는 더 이상 살아갈 수 없다는 점이 명확해지고 있기 때문이다. 이런 이유로 무엇보다 시급한 것은 정치적, 경제적 및 사회문화적 차원을 비롯한 일상생활의 모든 차원에서 그동안 우리가 어떤 방식으로 삶을 꾸려 왔던가를 비판적으로 돌아보는 가운데, 대안적 생활양식을 탐색해 나가는 것이다.

사실 코로나19 이전 우리의 생활양식을 틀 지어 온 자본주의 경제체제, 특히 '세계화'의 이름으로 상품의 생산과 소비를 위한 공간을 전 지구적으로 확장하려는 신자유주의적 자본주의 경제체제하에서는 '상품의 생산(Commodity Production)'이 지배하는 가운데 '삶의 생산(Life Production)'의 경우는 그에 걸맞은 중요성을 인정받지 못했다. '저렴한 것들의 세계사'로서의 자본주의의 역사는 '저렴한 자연', '저렴한 돈', '저렴한 노동', '저렴한 돌봄', '저렴한 식량', '저렴한 에너지' 및 '저렴한 생명'에 발 딛고 서 있어, 모든 것을 싸구려로 만듦으로써만 그 존재가 가능한 체제이기 때문이었다(파텔·무어, 2020).

이런 가운데 코로나19는 무엇보다도 자본주의가 이처럼 모든 것을 저렴하게 만드는 과정에서 마땅히 지불해야 할 비용을 제대로 지불하지 않고 외부화한 결과였다. 자본과 기업이 이윤의 극대화를 위해 자신이 감당했어야 할 비용을 여성을 비롯한 다양한 사회적 약자에게로 떠넘기는 한편으로, 천연자원이라는 이름으로 자연을 무제한 착취하는 방식으로 그 비용을 끊임없이 외부로 전가해 왔기 때문이다. 즉, 자본주의 경제체제가 이윤을 가져오는 것은 생산하고, 좋은 삶을 위해 필요한 것은 생산하지 않는 방식으로, 그럼으로써 모두를 위한 좋은 삶을 방해하는 방식으로 작동해 왔기 때문이다(I.L.A. Kollektive, 2019).

"다른 이의 비용에 기댄 삶"(I.L.A. Kollektive, 2017)이 자본주의 경제체제의 본질이라고 할 때, 코로나19는 여성의 돌봄노동에 대한 무제한의 착취를 통해 이를 다시 여실히 보여 주었다. 코로나19로 사회적 거리두기가 전 세계적으로 실시되고 지역에 따라 봉쇄 조치가 내려지면서, 집 안과 집 밖에서 돌봄의 책임을 떠맡게 된 것은 대부분 여성이었다. 어린이집과 학교가 문을 닫으면서 주로 어머니가 집에서 자녀들을 돌보게 되었고, 병원이나 요양원을 비롯한 의료기관에서도 환자와 노인을 주로 돌본 것은 대부분 여성이었다. 집 밖으로 나가 사회화되었다고 여겨졌던 많은 돌봄의 책임이 다시 집 안으로 들어오면서, 돌봄을 여성의 일로 간주하는 '재전통화'가 나타나며 '젠더 정의'를 강하게 위협했다(Allmendinger, 2020).

　그럼에도 불구하고 삶의 생산을 위한 돌봄노동을 어떻게 평등하게 분배할 것인가는 코로나19 동안에 전 세계의 정치 영역에서 주요하게 논의되지 않았다. 돌봄노동은 모든 사회의 기초를 이루며 이것이 없이는 우리의 삶을 유지할 수 없다는 점이 명백히 드러났음에도 불구하고, 돌봄과 관련한 사안은 정치 영역의 핵심 의제로는 등장하지 않았고, 이를 어떻게 하면 자동화 내지는 디지털화할 수 있는가라는 기술적 차원에서의 논의가 주를 이루었다(Winker, 2021: 9-10). 코로나19가 젠더불평등을 강화하고 있음에도 불구하고, 이에 어떻게 대응할 것인가는 코로나19에 대한 대응을 둘러싼 논의에서 주요 의제로 다루어지지 않았다. 이런 시대적 맥락에서, 코로나19 팬데믹에 따른 전환의 시대를 맞아 젠더 관점에서 이를 조망하며 젠더적으로 정의롭고 평등한 사회를 만들어 나가기 위한 방안을 탐색하는 일이 무엇보다 시급히 요청된다.

전환의 시대와 젠더

　전환의 시대를 맞아 '전환'의 방향을 둘러싸고 다양한 논의가 전개 중인 가운데(김양현, 2021; 서영표, 2022; 홍덕화, 2021), 이런 논의가 앞으로 더 풍부하게 이루어지려면 전환이 갖는 사전적 의미에 먼저 주목할 필요가 있다. 『표준국어대사전』에 따르면, 전환은 '다른 방향이나 상태로 바뀌거나 바꿈'을 의미하며, '사고의 전환'이나 '인식의 전환'이라는 맥락에서 주로 사용된다(국립국어원, 2022). 즉 전환은 이중의 의미를 동시에 갖고 있다. 하나는 수동적 의미의 '강제적 전환'으로, 우리의 사고와 인식이 어떤 외부적 자극이나 충격에 따라 다른 방향으로 바뀌게 되는 경우다. 다른 하나는 능동적 의미의 '자발적 전환'으로, 우리가 어떤 외부적 자극이나 충격을 계기로 우리의 사고와 인식을 새로운 방향으로 변화시켜 나가는 경우다.

　이런 측면에서, 코로나19 팬데믹은 '강제적 전환'과 '자발적 전환'의 두 층위를 모두 내포한다고 할 수 있다. 2000년 봄에 코로나19 바이러스가 중국과 한국 및 이탈리아 등을 거쳐 전 지구적으로 빠르게 확산하기 시작했을 때, 우리가 맞닥뜨린 것은 '강제적 전환'이었다. 바이러스의 전파를 막기 위해 엄격한 '봉쇄 조치' 혹은 '사회적 거리 두기'가 실시되면서, 인간과 인간이 얼굴을 맞대고 만나는 일이 금지되었다. 즉 대면으로 관계를 맺는 것이 어려워졌다. '컨택트 사회'에서 '언택트 사회'로의 이동(문성훈, 2021)이 빠르게 이루어지며, 새로

　　　　　　　　　　　　　　　　　　　　　　　　안숙영

운 표준이라는 의미의 '뉴 노멀(New Normal)'이라는 용어가 출현하는 가운데, 사회 전반의 '디지털화'와 '스마트화'를 위한 움직임도 가속화되었다.

오늘날 우리는 코로나19 팬데믹의 길고 긴 터널의 끄트머리에 서 있다. 인간과 인간이 서로 만나 '관계'라고 하는 것을 대면으로 맺을 수 있는 가능성이 다시 열리고 있다. 서로의 얼굴을 마주하며 안녕을 직접 챙길 수 있게 되었다. 이처럼 '컨택트 사회'의 가능성이 다시 열리고 있는 가운데, 우리에게 무엇보다 필요한 것은 우리의 생활양식을 어떻게 '다르게' 조직해 나갈 것인가를 이론적이고 실천적으로 탐색하는 작업이다. 이것은 우리에게 '강제적 전환'으로 다가왔던 이번의 팬데믹을 '자발적 전환'을 위한 계기로 자리매김함으로써 대안적 생활양식을 위한 윤곽을 새롭게 그려 나갈 것을 요구하고 있다.

이처럼 '강제적 전환'에서 '자발적 전환'으로의 분기점에서, 영국의 세계적 동물생태학자이자 환경운동가인 제인 구달(Jane Goodall)이 팬데믹의 전 지구적 확산 초기인 지난 2020년 4월에 코로나19의 원인을 인류의 동물 학대와 자연 경시에서 찾은 바 있다는 점을 다시 기억의 장으로 불러올 필요가 있다. 구달은 "코로나바이러스와 같은 전염병의 출현은 수년 전에 예견됐다. 자연을 무시하고 지구를 공유해야 할 동물들을 경시한 결과 팬데믹이 발생했다"고 진단하며, "우리는 자연계의 일부이고, 자연을 파괴하는 일이 우리 아이들에게서 미래를 훔치는 일임을 깨달아야 한다"(김지숙, 2020)는 메시지를 우리에게 전달하고자 했다.

　오늘날의 이러한 시대적 요청에 직면하여 전환의 방향을 둘러싼 다양한 진단과 전망이 그 모습을 드러내고 있다. 무엇보다 대표적인 흐름은 팬데믹을 '생태 위기'의 관점에서 바라보며 '생태 정의'의 실현을 위한 방안을 탐색하는 논의들이다. 즉 전환의 무게중심을 사회의 '생태적 전환'으로 설정하고 '인류세'의 출현에 주목하며 인간과 자연의 관계 및 인간과 동물의 관계를 새롭게 정립하고자 하는 연구들이다. 생태적 현대화, 탈성장 및 생태사회주의에 초점을 맞춰 전환정치의 이정표를 그리고 있는 연구(홍덕화, 2021), 이의 연장선상에서 커먼즈를 매개로 전환을 상상하는 연구(홍덕화, 2022), 가축 살처분 어셈블리지에 대한 분석을 바탕으로 인간과 동물의 관계를 새롭게 설정하려는 연구(주윤정, 2020) 및 재야생화(rewilding)를 중심으로 인류세의 자연 보전을 위한 새로운 방향을 제시하려는 연구(최명애, 2021) 등이 이에 속한다. 이러한 연구들은 한국 사회뿐만 아니라 지구라고 하는 단일 행성 위의 모든 사회가 이번의 팬데믹을 경험하며 '생태적 전환'과 '사회적 전환'을 동시적으로 요구받고 있다는 점에서, 자본주의 경제체제에 대한 비판적 접근을 통해 생태적으로 정의롭고 사회적으로도 정의로운 사회로 나아가기 위한 아이디어들을 제시하고 있다는 점에서 그 의의가 자못 크다.

　그러나 코로나19 팬데믹은 일국적으로는 물론이고 지구적으로도 그 사람의 성별이 무엇인가에 따라 부담과 위험이 달라지는 '젠더화된 과정'이자 젠더불평등을 강화하는 '젠더위기'이기도 하다는 점(김현미, 2020)은 현재의 논의의 지형 속에서 충분히 주목받고 있지 못하다. 젠더위기로 시선을 돌려야 하는 이유는 코로나19 바이러스의 전파를 막기 위한 각종 조치들이 취해지면서, 사무실과 교실이 집 안으로 들어와 재택근무와 재택학습이 일상화되고, 배달 문화가 빠르게 확산하며 식당과 마트 또한 집 안으로 들어오며, 집 안에서의 여성들의 돌봄 부담이 무한대로 늘어났기 때문이다. 즉 '가정 공간에 들어온 공적 공간'(원용진, 2020)이라는 새로운 공간적 풍경이 펼쳐지며, 공적 공간에서 사회적으로 수행되던 돌봄이 사적 공간으로 들어와 다시 여성에게 떠넘겨졌기 때문이다.

이처럼 팬데믹에 따른 전환의 시대를 맞아 돌봄에서의 불평등 혹은 사회적 재생산에서의 불평등의 형태로 더욱 심화되고 있는 젠더불평등에 직면하여, 우리에게 필요한 것은 '생태적 전환'과 '사회적 전환'만이 아니라 '젠더적 전환'이기도 하다. 이는 생태 정의와 사회 정의의 실현을 위한 노력이 젠더 정의의 실현을 위한 노력과 함께 할 때만, 오늘날의 전환의 시대가 갖는 복합적이고 다층적인 의미에 대한 보다 심도 있는 접근이 가능하다는 것을 의미한다. 이런 맥락에서 돌봄 사회로의 전환을 지향하며 전환의 시대를 젠더의 렌즈로 새롭게 읽어 내고자 하는 논의들이 나타나고 있는 것은 무엇보다 반가운 일이다(김은희, 2021; 김현미, 2020; 박이은실, 2022; 백영경, 2020).

젠더적 전환과 관련하여, 코로나19 팬데믹이라는 '비극적' 경로를 통해 돌봄을 비롯한 여성의 노동이 마치 공기와 물처럼 공짜로 이용이 가능한 자연자원으로 간주된다는 오래된 통찰(미즈, 2014: 245)이 비로소 누구나의 눈에 선명하게 보이기 시작했다는 점은 무엇보다 아이러니가 아닐 수 없다. 그러한 여성의 노동이 없이는 기본적인 삶의 유지 그 자체는 물론이고 좋은 삶은 더더욱 불가능하다는 점이 명확하게 가시화되었음에도 불구하고, 이를 사회적이고 정치적인 의제로 설정하여 전환의 시대 이후에 올 새로운 사회의 초석으로 삼고자 하는 제도권 정치에서의 논의는 여전히 활발하지 않다는 점에서, 돌봄은 '여성의 일'이 아니라 '사회의 일'이라는 '새로운 사회계약(New Social Contract)'을 추동해 내기 위한 다양한 노력이 절실한 시점이다(Southern Voice and United Nations Foundation, 2022).

상품의 생산과 제국적 생활양식을 넘어

오늘날 '북반구(Global North)'에서의 일상생활은 '상품의 생산'이 중심에 자리한 성장지향적 자본주의의 자장 안에서 움직이고 있으며 이 자장 밖으로 나가기가 점점 더 어려워지고 있다. 상품의 생산이 지배하는 생산양식의 영향력이 빠르게 확대되고 있기 때문이다. 성장지향적 자본주의의 근원적 문제점에 천착하고 있는 독일의 사회학자 클라우스 되레(Klaus Dörre)에 따르면, 성장지향적 자본주의

안숙영

는 '상품과 서비스의 생산' 및 '삶의 생산'이라는 두 가지 생산양식으로 구성되어 있으며, 이 둘 간의 위계적 교환관계를 그 특징으로 한다. 되레가 보기에, 이러한 자본주의의 문제점은 상품과 서비스를 생산하는 생산양식, 즉 성장과 이윤을 추구하는 생산양식이 삶을 생산하는 생산양식을 자신에게 종속시키는 경향이 빠르게 강화되고 있다는 점이다(Dörre, 2019).

이러한 되레의 논의의 연장선상에서 우리의 삶을 돌아보면, 상품의 생산과 소비가 차지하는 비중이 점점 커지고 있음을, 점점 더 많은 상품을 생산해서 점점 더 많이 소비하는 것이 미덕으로 간주되고 있음을 알 수 있다. 널리 알려진 대로, 제2차 세계대전 직후부터 1970년대 중반까지는 북반구에서 '대량생산'과 '대량소비'를 바탕으로 한 끊임없는 경제성장이 가능한 것처럼 비치기도 했다. 이에 발맞춰 특히 독일을 비롯한 유럽의 몇몇 국가에서 복지국가가 제도화되면서 이른바 '자본주의의 황금기'라고 불리는 예외적인 시기가 영원히 지속될 것처럼 보이기도 했다(Lessenich, 2008). 경제성장이 무한히 가능하며 경제성장이 이루어지면 일자리가 늘어나면서 소득 또한 늘어날 것이라는 경제적 낙관론이 지배하는 가운데, '경제성장'과 '일자리 창출'과 '복지국가'라는 환상의 조합이 북반구는 물론이고 남반구에서도 가능할 것이라는 환상이 널리 퍼지기도 했다.

그러나 경제성장이 영원히 가능할 것이라는 환상은 오래 지속되지 못했다. 1970년대 중반에 석유 위기가 전 세계적으로 확산되며 북반구에서의 성장경제가 주춤거리기 시작했기 때문이다. 더불어 성장경제가 가능했던 것은 사실상 '비용의 외부화' 때문이었다는 점 (I.L.A.Kollektiv, 2017; Biesecker und Von Winterfeld, 2022), 즉 이윤의 극대화를 위해 기업이 상품의 생산에 들어가는 비용을 자신이 지불하지 않고 자신의 '외부'로 떠넘김으로써만 가능했다는 사실이 드러나기 시작했기 때문이다. 성장경제를 가능케 한 비용의 외부화는 '비용의 저렴화'와 '비용의 비가시화'에 다름없다는 점, 다시 말하자면, 성장경제라고 하는 것은 마땅히 지불해야 할 비용을 제대로 지불하지 않음으로써만 그 유지가 가능한, 아주 모순적인 경제체제라는 점이 그 모습을 드러내기 시작했기 때문이다.

이런 맥락에서, 성장경제하에서 자신이 아닌 다른 이의 비용으로 혹은 자연의 비용으로 상품을 저렴하게 생산하여 저렴하게 소비하는 방식으로 일상생활이 유지되는 것을 '제국적 생활양식(Imperial Mode of Living)'이라고 부르는 독일과 오스트리아의 사회과학자 울리히 브란트(Ulrich Brand)와 마르쿠스 비센(Markus Wissen)의 논의로 시선을 돌려볼 필요가 있다. 『제국적 생활양식을 넘어서: 전 지구적 자본주의 시대의 인간과 자연에 대한 착취』(2020)에서 두 사람은 오늘날 지구가 생태 위기에 처하게 된 가장 근본적인 원인을 북반구 주민의 생산과 분배 및 소비 규범을 뜻하는 제국적 생활양식이 전 지구적으로 확산되고 있는 것에서 찾는다.

제국적 생활양식의 핵심은 일상생활에 필요한 거의 모든 재화와

안숙영

서비스가 '상품'의 이름으로 집 밖에서 '생산'되며, 우리는 화폐를 매개로 이를 구매하여 집 안에서 '소비'하는 방식으로 이루어진다는 점이다. 이를 위해서는 두 가지 과정이 서로 맞물려 끊임없이 반복되어야만 한다. 하나는 개인이 '생산자'로 전환되는 과정이다. 즉 자신의 노동력을 시장에서 상품으로 판매하여 임금노동자가 되어 재화와 서비스를 생산하는 과정이다. 다른 하나는 개인이 '소비자'로 전환되는 과정으로, 생산자가 되어 받은 임금으로 일상생활에 필요한 재화와 서비스를 구매하여 소비하는 과정이다.

이처럼 제국적 생활양식은 개인의 일상적 행위 구조와 이 행위 구조가 지배적인 자본주의 시스템과 어떻게 연결되어 있는지, 그리고 이 행위 구조의 패러독스를 비롯한 상호작용을 분석하기 위한 개념적 장치이다(Gabriel und Mühlbauer, 2022). 즉 '일상 행위 수준'을 '사회 구조 수준'과 결합하려는 문제의식에 입각한 것으로, "일상적 관행의 실천이 주로 습관과 반복적 일과 일상적 규칙에 의해 각인되어" 있음을 강조하는 한편으로, "자본주의는 그 중심부에서 그리고 점차적으로는 이른바 신흥경제국들에서 다른 곳의 노동력과 자연생산력을 가치화하고, 그곳에서 창출한 가치를 중심부로 이전함으로써 자기의 경제적 생산성과 더불어 사회적 생산성을 달성한다"는 점을 부각하기 위한 것이다(브란트·비센, 2020: 72-76).

한편 제국적 생활양식은 이 두 개의 수준을 가로지르는 1) 가치화, 축적 및 재생산, 2) 헤게모니와 주체화, 3) 위계화 및 4) 외부화라는 네 개의 기둥으로 구성된다. 이 기둥들은 사회 구조를 횡단하며 이에 완전히 스며드는 방식으로 작동한다. 이 기둥들은 한편으로 사회·경제적, 생태적 및 정치적 차원을 체계적으로 배열하는 역할을 한다. 예를 들어, 자유무역협정의 체결이나 에너지 집약적 인프라 구조의 건설 등이 이에 속한다. 자본주의적 동학의 이러한 공간화로 인해 지구 위의 생명체의 존재 조건은 자본주의적 지도 그리기 내로 제한된다. 다른 한편으로 이 기둥들은 주체에게 이런 조건들을 (무)의식적으로 떠안게 만든다. 자본주의적 축적의 동학은 내면화되거나 습관화된다. 이로 인해 착취와 외부화에 기인하는 경제성장 패러다임과 자본축적 패러다임의 정당화가 커다란 저항 없이 관철된다(브란트·비센, 2020: 76-90; Gabriel und Mühlbauer, 2022: 9-10).

제국적 생활양식에서 외부화는 특히 중요한 역할을 하는데, 그렇다면 여기서 '외부'란 어디를 말하는가? 이와 관련하여, 그 외부를 '환경/자연'에서 찾으며, 성장경제로 인해 자연적 삶의 조건이 파괴되고 있음에 주목해 온 가장 대표적인 이론적 흐름은 '생태학적 현대화'이다. 이에 따르면, 환경문제는 산업적이고 시장지향적인 현대화 전략, 즉 기술혁신과 시장에 기반한 인센티브 제공을 통해 기존의 사회적이고 정치적인 구조 내에서 해결이 가능하다. 1990년대로 접어들어 이 흐름은 자본주의적이고 산업화된 사회의 '사회적·생태적 전환'이라는 문제의식으로 나아가, '그린뉴딜(Green New Deals)'과 같은 개혁 전략으로 발전하여 오늘에 이르고 있다(Bemmann, Metzger und von Detten, 2014; Dröge, 2022).

 '그린뉴딜'로 이어지는 '생태학적 현대화'의 흐름은 특히 기후변화가 가져오고 있는 위험들, 즉 물과 식량 부족, 해양의 산성화와 해수면 상승 및 생태계 붕괴 등과 같은 위험들이 지구라는 행성 위에 존재하는 모든 생명에게 회복 불가능한 위험들을 초래하고 있음에 주목한다. 나아가 생태계가 처한 이러한 다면적 위험들에 맞서 어떻게 하면 경제를 '다르게' 성장시킬 수 있는지를 질문한다. 그리고 이에 대한 해답을 찾는 과정에서, 정부의 개입을 통해 자원의 생산성과 효율성을 높이는 한편으로, 생산과 소비를 재편하여 자연이 감당 가능한 한도 내로 제한하고자 한다. 이런 경향은 '경제의 녹색화'를 새로운 성장 엔진 혹은 새로운 일자리 창출의 방안으로 바라보며 '녹색 경제'를 추구하는 흐름이나, 자본주의 경제체제하에서도 경제와 사회의 근본적인 사회적·생태학적 전환이 가능하다고 보는 '녹색 자본주의'의 흐름 등에서 찾아볼 수 있다(무라카, 2016: 54-59; 브란트·비센, 2020: 181-199).

 그러나 이런 흐름에서는 '외부'가 '환경/자연'으로 이해되면서, '여성'과 '식민지' 또한 그 '외부'에 포함된다는 점이 간과되는 경향이 있다. 경제의 녹색화를 통해 경제가 계속 성장하는 것이 가능하다고 전제함으로써, 경제가 성장하기 위해서는 환경/자연 이외의 또 다른 외부가 끊임없이 요구된다는 점을 간과하기 때문이다. 또한 경제의 녹색화를 통한 경제성장과 일자리 창출이 그 목표로 자리함으로써,

'녹색'과 '성장'의 동시적 발전이 여전히 가능하며 또 바람직하다고 보기 때문이다. 나아가 경제의 녹색화를 통한 '상품과 서비스의 녹색화'를 바탕으로 한 에너지의 효율적 운영으로 상품의 생산과 소비가 그 중심에 놓인 생활양식을 그대로 유지할 수 있다고 낙관하기 때문이다.

하지만 성장지향적 자본주의는 환경/자연과 더불어 여성과 식민지라는 외부가 없이는 유지 불가능한 경제체제이다. 1980년대부터 성장경제의 한계에 주목하며 이 외부를 여성과 자연과 식민지에서 찾아온 독일의 사회학자 마리아 미즈(Maria Mies)가 '여성'을 '마지막 식민지'로 규정하고, 자본주의 경제란 여성과 남성의 성별 노동 분업에 기초한 가부장제가 없이는 작동하지 않으며, 여성의 '가정주부화'를 통한 여성 노동의 저렴화와 비가시화 없이는 그 유지가 불가능한 경제체제임을 강조해 왔듯이 말이다. 미즈가 보기에, 자본주의적 가부장제 경제는 여성과 자연과 식민지에 대한 착취에 기초한 경제로, 이러한 착취가 없이는 작동하지 않는다(미즈, 2014; 미즈·벤홀트-톰젠, 2013).

이런 맥락에서, 우리가 젠더 관점에서 새로운 미래를 열어 나가고자 할 때 무엇보다 시급한 것은, 상품의 생산에 초점이 맞춰진 현재의 제국적 생활양식은 '다른 이의 비용으로 살아가는' 생활양식에 다름없으며, '모두를 위한 좋은 삶'을 방해하는 생활양식(Eigner und Theine, 2018; I. L. A. Kollektiv, 2017)에 불과하다는 점을 반성적으로 돌

안숙영

아보는 일이다. 미즈가 보기에, 다른 이의 비용에 의지함으로써만 유지가 가능한 이런 방식의 상품의 생산은 '죽음의 생산'에 지나지 않는다. 끊임없는 성장을 추구하는 과정, 즉 생명 활동과 자연을 뜻하는 '삶'을 상품과 돈 그리고 자본으로 변형해 나가는 자본축적 과정은 양극화로 귀결될 수밖에 없기 때문이다(안숙영, 2021).

따라서 "돈과 자본이 삶으로부터 생겨날 수는 있으나, 어떠한 새로운 삶도 자본과 돈으로부터 생겨날 수는 없다"(미즈·벤홀트-톰젠, 2013: 57)는 점을 기억하며, 죽음의 생산으로서의 상품의 생산이 지배하고 있는 현재의 제국적 생활양식을 넘어서기 위한 대안의 모색으로 나아가야 한다. 제국적 생활양식이 "수많은 사람의 욕망과 몸에 새겨져 있다"는 점을 고려할 때, 이에 대한 대안은 자신의 생활양식과의 대결 및 이러한 생활양식 저편의 대안적 경험에 대한 허용으로부터 생겨날 수 있다. 그러므로 "자신의 생활양식에 대해 기꺼이 의문을 제기하고자 하는 의지"(브란트·비센, 2020: 206-207)가 우리 모두에게 절실히 필요한 시점이다.

삶의 생산과 연대적 생활양식을 향하여

오늘날 북반구에서의 일상생활은 상품 생산의 '과잉'과 삶의 생산의 '과소'로 특징지어진다. 마트와 백화점의 진열대에 상품은 넘쳐

나는 반면, 일상생활에서 '좋은 삶'은 찾아보기 어렵다. '상품의 생산과 소비'에 매몰되어 '좋은 삶의 생산과 향유'로부터 점점 멀어지고 있기 때문이다. 코로나19 팬데믹이 보여 준 것처럼, '좋은 삶'을 위해서는 '충분한 돌봄'이 필수적임에도 불구하고, 상품의 생산이 한 사회의 핵심으로 자리하면서 삶의 생산이 상품의 생산에 점점 더 종속되어가고 있다. 우리의 일상생활이 상품의 생산을 중심으로 진행되면서, 삶의 생산의 부재와 상품의 생산의 지배로 특징지어지는 제국적 생활양식이 전 지구적으로 확산 중이다.

'삶의 생산'은 미즈가 '상품/자본/돈의 생산'과 분리하기 위해 사용하는 개념으로, '자급 생산(subsistence production)'의 다른 이름이기도 하다. "직접적으로 삶을 창조, 재창조, 유지하는 데 쓰이며 다른 목적을 갖지 않는 모든 일"을 뜻하는 삶의 생산 혹은 자급 생산은 상품 생산이나 잉여 가치 생산의 정반대에 위치한다. 자급 생산의 목적이 '삶'에 놓여 있는 반면에, 상품의 생산의 목적은 점점 더 많은 '돈'을 생산하여 자본을 축적하는 것에 놓여 있기 때문이다(미즈·벤홀트-톰젠, 2013: 55-56). 미즈에 따르면, 이러한 돈의 신화는 노동의 신화와 밀접한 연관을 갖는다. 임금노동자가 되어 일하지 않고는 살아갈 수 없는 경우가 많아지는 반면, 돌봄을 비롯하여 돈을 생산하지는 않지만 삶의 유지에 필수적인 모든 자급 활동에 대한 가치 절하는 심해지고 있기 때문이다.

"돈을 생산하지 않는 일은 가치가 없다"고 보는 경향(미즈·벤홀트-

톰젠, 2013: 49)이 심화되는 가운데, 우리는 돈을 생산하는 일자리의 유지를 위해 "탐하고-탐하고-탐하고, 사고-사고-사고, 버리고-버리고-버리는 문화"(혹실드, 2013: 204) 속으로 강하게 편입되어 들어가고 있다. 오늘날 북반구 주민의 딜레마는 이처럼 탐하고 사고 버리는 사이클이 무한히 반복되어야 우리의 일자리가 유지되는 한편으로, 이를 통해 임금을 받아야 일상생활을 계속해서 유지할 수 있다는 점이다. 이 사이클의 반복 속에서 과거에는 임금노동에 편입되지 않았던 자급 활동, 예를 들어 아이, 노인과 장애인 돌봄을 비롯한 돌봄 활동은 물론이고 청소, 빨래 및 음식 준비를 비롯한 가사노동 또한 점차 '삶의 영역'을 벗어나 '상품의 영역'으로 편입 중이다.

모든 것이 상품과 돈으로 환원되는 가운데, 북반구 주민의 좋은 삶은 점점 불가능해지고 있으며 시간에 쫓기는 경향도 강화되고 있다. 살아 있는 생명인 인간에게 있어 '시간'은 '삶' 그 자체다. 시간과 삶은 분리되어 이해될 수 없다. 시간이 곧 삶이고 삶이 곧 시간이다. 따라서 '충분한 시간'이 없이는 '좋은 삶'도 불가능하다. 그런데 인간의 노동력조차 상품이 되어 시장에서 사고 팔리는 '임금노동 체제'하에서는 삶 그 자체인 시간에 가치가 매겨져 임금으로 환원이 되어야만 생존이 가능해짐으로써, 충분한 시간을 갖고 좋은 삶을 추구하기가 버겁다. 또한 돈을 버는 활동이 일상생활의 중심에 놓임으로써 돈으로 환원되지 않는 활동은 가치를 인정받지 못한다.

이러한 생활양식에서는 삶의 생산을 위한 활동이나 돈이 되지 않는 활동이 자리할 여지가 없다. 상품의 생산은 '패스트 생산(fast production)'이 목적일 수 있다. 그러나 삶의 생산을 위한 활동들, 즉 돌봄과 같은 활동들의 목적은 '패스트 돌봄(fast care)'이 될 수 없다 (Bücker, 2020: 8-9). 따라서 이러한 제국적 생활양식을 벗어나기 위한 노력이 시급히 시작되어야 한다. 상품의 생산이 초점인 생활양식에서는 "의존은 태어나서 죽을 때까지 함께하는 인간 삶의 조건"(트론토, 2014: 9)이라는 점도, "인간 의존의 사실과 의존인을 돌보는 여성의 역할을 진중하게 수용하기 전에는 평등은 우리가 성취할 수 없는 것"(키테이, 2016: 44)이라는 점도 고려의 대상이 되지 못하기 때문이다.

이런 맥락에서, 상품의 생산을 넘어 삶의 생산이 그 중심에 놓이는 '연대적 생활양식(Solidary Mode of Living)'의 구축으로 나아갈 필요성이 강하게 제기되고 있다. 이윤 극대화를 통한 성장이 아니라 필요의 충족을 통한 관계의 회복에 우선성을 두는 사회의 구축을 위해서는, 지금까지와는 전혀 다른 형태의 대안적 사회를 향한 새로운 상상력이 무엇보다 절실한 가운데, 독일의 페미니스트 학자인 가브리엘레 빈커(Gabriele Winker)의 '돌봄 혁명(Care-Revolution)'이 우리에게 일정한 시사점을 던져 준다.

빈커에게, 돌봄 혁명은 하나의 '정치적 전환 전략'으로, 페미니즘 정치학의 인식과 접목하여 돌봄노동의 근본적인 의미를 그 중심에 놓는 한편, 인간적 필요로부터 출발하여 사회적 공동생활을 만들어

나가는 것을 의미한다. 그럼으로써 대부분의 정치 전략에서는 물론이고 경제 이론에서도 주목받지 못하는 돌봄노동을 사회 변화의 척도로 삼는 것을 말한다(Winker, 2015: 143). 이런 전환 전략의 출발점을 빈커는 현재의 자본주의 경제체제 내에서 '연대적 돌봄 경제'를 건설하는 것에서 찾고자 하는데, 이를 통해 생계 노동의 총량을 줄임으로써 우리의 삶에서 생계 노동이 갖는 의미를 줄여 나가고자 하기 때문이다.

이의 연장선상에서 빈커가 보기에 중요한 것은, 이런 방식으로 생태적 차원과 지구적 정의 차원에서 반드시 필요한 소비의 제한을 이루어 나가는 동시에, 사람들에게 삶의 계획을 실현해 나가기 위한 시간을 더 많이 확보하게 하는 것이다. 무조건적 기본소득을 바탕으로 개인 생계를 사회적으로 보장하는 한편으로, 필요지향적이고 민주적으로 구축된 사회적 인프라를 누구나가 이용하도록 완전히 개방함으로써, '연대적 사회'라고 하는 새로운 사회가 도래할 수 있도록 준비해 나가는 것이다(Winker, 2021: 173-174).

빈커가 보기에, 연대적 사회는 자본주의 경제체제에 필수적인 유급 노동과 무급 노동의 분리가 깨질 때 비로소 시작된다. 이는 보상받지 못하는 노동이 더 이상 존재하지 않으며, 사람들이 자신의 필요를 충족하는 데 있어 화폐나 상품 교환을 매개로 하지 않고도 곧바로 이를 충족하는 데 어려움이 없게 되는 것을 의미한다. 이처럼 노동의 분리가 사라지게 되면, 자신, 타인, 다음 세대를 위한 돌봄과 자연을 위한 돌봄을 비롯하여, 다양한 영역에 걸친 모든 형태의 돌봄이 사회적 공동생활의 중핵으로 자리하게 된다. 그리고 이러한 사회에서야말로 돌봄과 연대가 비로소 자신의 의미를 획득하게 된다(Winker, 2021: 174).

이처럼 돌봄 혁명을 매개로 연대적 생활양식을 향해 나아가는 과정에서 무엇보다 중요한 것은, 착취로부터 자유로운 삶, 즉 타자, 자연 및 미래 세대의 비용으로 살아가지 않는 삶을 구축하는 것이다. 연대적 생활양식의 전제는 '모두를 위한 좋은 삶'을 지향하는 것이며, 이의 실현을 위해서는 ① 민주화, ② 커머닝(Commoning), ③ 재생산, ④ 의존 및 ⑤ 충분함이라는 다섯 가지 원칙이 필수적이다. 즉 누구나가 자신과 관련된 결정 상황에서는 함께 결정할 수 있어야 하고, 재화와 서비스의 생산에서는 국가와 시장을 넘어서서 공동으로 함께 만들어 이용하고 돌볼 수 있어야 한다. 또한 삶을 유지하고 꽃피게 하며 관계를 가꾸는 것이 모든 활동의 척도가 되어야 하고, 인간이 자연에게 의존하고 있어 서로 연결되어 있다는 점을 인식하는 한편으로, 소수를 위해 더 많은 것을 요구하는 대신에 모두에게 충분한 삶이 되도록 사회를 변화시켜 나가야 한다(ILA Kollecktiv, 2019: 18-22).

이런 차원에서 "서로와 자연에 대한 돌봄을 중심에 놓는 사회"(브란트·비센, 2020: 217)로서의 연대적 생활양식으로 나아가고자 할 때, '탈성장(Degrowth)' 논의로도 시선을 돌릴 필요가 있다. 2010년대로 접어들어 논의가 시작된 이후로 이번의 팬데믹을 거치며 그 영향력을 확대해 나가고 있는 탈성장 논의는, 끊임없는 성장을 추구하는 한 충분한 돌봄을 위한 시간을 보장하기는 어렵다는 점에서, 젠더 관점에서 탈성장의 문제의식에 접근하며 돌봄을 위한 시간과 자원을 확보하고자 하는 시도는 그 의의가 무엇보다 클 수밖에 없기 때문이다(안숙영, 2022; Bauhardt, Caglar und Riegraf, 2017; Dengler, Lang and Seebacher, 2022).

이런 가운데 탈성장 사회에서 돌봄을 어떻게 조직할 것인가, 사회적·생태적 전환을 돌봄 분야에서 어떻게 이루어 낼 것인가와 같은 질문 속에서, '돌봄'이 목적인 사회로 나아가기 위한 전략들이 윤곽을 드러내고 있는 것은 반가운 일이다. 이를 위해서는 첫째, 임금 관계를 변화시키고 일/노동이란 무엇인가를 재정의해야 한다. 둘째, 시간 레짐을 변화시키고 돌봄노동을 재분배해야 한다. 셋째, 돌봄을 중심으로 사회를 재조직해야 한다. 그럼으로써 모두를 위한 돌봄이 가능하게 해야 한다(Denger and Lang, 2022; Dengler, Lang and Seebacher, 2022).

맺음말

이상으로 살펴보았듯이, 코로나19 팬데믹은 지구라는 행성 위에서 우리가 생존하기 위해서는 자연과의 공존이 불가피하다는 점과 '좋은 삶'으로 나아가기 위해서는 모두를 위한 돌봄이 반드시 전제되어야 한다는 점을 명확히 보여 주었다. 따라서 자연과 인간 모두를 위한 좋은 돌봄이 가능한 사회를 만들어 나가고자 한다면, 앞으로 다음과 같은 논의가 더욱 활발하게 이루어져야 한다.

첫째로, 코로나19 펜데믹 이전의 신자유주의적 지구화가 가져온 위험에 대한 젠더 관점에서의 분석을 바탕으로 '탈지구화(Deglobalisation)'에 관한 새로운 논의가 필요할 것으로 보인다. 탈지구화란 고립이나 폐쇄적 경제를 추구하는 것이 아니라, 자본에 지배받지 않는 새로운 유형의 세계적 통합을 꾀하는 것을 의미한다. 지금까지의 지구화는 이윤 극대화를 목표로 하는 자본, 생산 및 시장의 통합에 불과하고, 이윤 극대화를 위해 이를 삶의 전 영역으로 확대하고 가속화하는 과정과 다름없기 때문이다. 이런 가운데 탈지구화는 지역공동체와 생태계의 필요를 바탕으로, 지역경제와 국민경제가 강화되는 방향으로 세상을 바꾸는 것이며, 자본의 지배를 넘어선 새로운 유형의 지구화를 상상하도록 고무하는 역할을 할 수 있다(솔론·아기똥·아잠 외, 2018: 185-210; Butollo und Starit, 2022).

둘째로, 지금까지의 신자유주의적 세계화가 북반구에서는 제국적 생활양식의 전면화를 가져왔고, 이는 남반구로부터 여성의 돌봄노동을 비롯한 저렴한 노동과 자연의 이전이 보장되어 있을 때만 가능한 생활양식이라는 점에서, 앞으로는 '지역화/로컬화'를 바탕으로 북반구와 남반구 간의 위계적 관계를 극복하기 위한 방안을 찾아야 할 것으로 보인다. 지역을 삶의 터전이자 현장으로 만들어, 북반구 내에서의 돌봄 위기를 남반구 여성의 노동력을 값싸게 활용함으로써 해결하고자 하는 경향, 그럼으로써 돌봄의 비용을 외부화하고자 하는 경향에서 벗어나야 한다. 비용의 외부화가 아니라 내부화를 통해서만 두 반구의 위계적 관계를 넘어선 지구적 차원에서의 '삶의 방어'가 비로소 가능해지기 때문이다. 즉 자본과 삶의 적대적 관계가 해소되고 '삶의 프로젝트'가 마침내 펼쳐질 수 있기 때문이다(Zelik, 2020).

마지막으로, 상품의 생산이 아니라 삶의 생산이 우리의 삶의 핵심에 자리하기 위해서는, 비용의 외부화를 젠더 관점에서 해소해 나가기 위한 풍부한 상상력을 키워 나가야 할 것으로 보인다. 젠더 관점에서 보자면, 한국 사회를 비롯한 지구 위의 모든 사회는 돌봄을 비롯한 여성의 노동에 제대로 된 대가를 지불하지 않음으로써만 그 유지가 가능한 '외부화 사회'(Lessenich, 2016)와 다름없다. 이는 부정의하고 불평등하며 또한 비가시적이다. 따라서 '내부화 전략'이 무엇보다 필요하다. 그러나 이러한 전략만으로는 충분하지 않다. 그래서 외부화가 금지된 사회는 어떤 모습일지를 상상하며 외부화를 더 이상 필요로 하지 않는 사회로 나아가기 위한 새로운 전략을 발전시켜 나가야 할 것이다(Biesecker und Von Winterfeld, 2022: 361-363).

생태 위기와
에코페미니즘의 '젠더'론

전환의 시대에 필요한 젠더 저항력을 찾아서

박혜영

머리말

이제 기후변화로 인한 생태 위기는 피할 수 없는 현실이 되었다. 영국에서 시작된 산업혁명은 비약적인 기술 발전으로 인류에게 전대미문의 물질적 풍요를 선사했지만, 다른 한편 인류 역사상 처음으로 전 지구적 환경 파괴와 생물 대멸종의 가능성도 안겨 주었다. 홀로세 멸종(Holocene extinction)이라 불리는 지금의 생태 위기는 인류가 추구한 산업 문명의 결과라는 점에서 앞선 지질학적 대멸종들과는 다르다. 신세대 환경운동가인 툰베리(Greta Thunberg)는 이런 상황에 처한 지구를 '불타는 집'이라고 부름으로써 기후변화에 따른 대멸종의 위기감을 널리 알렸다. 또한 전 세계 청소년들이 툰베리의 환경운동에 연대함으로써 지리멸렬하게 진행되던 기후위기 대응이 미래 세대에게는 절박한 현실임을 다시금 상기시켰다. 이것은 한동안 '그

레타 효과(Greta Effect)'라고 부를 정도로 파급력이 컸다.[*]

역사적으로도 1970년대 인도의 칩코운동(Chipko Movement)에서 마타이(Wangari Maathai)가 주도한 케냐의 그린벨트운동(Green Belt Movement)에 이르기까지 환경문제를 둘러싼 여성들의 직접행동은 에코페미니즘 운동의 주요 성과였다.[**] 그럼에도 불구하고 이들의 환경운동이 페미니즘 학계에서 충분히 인정받았는지는 의문이다. 물론 초국적 자본주의의 맹렬한 팽창과 그로 인한 생태 파괴가 이미 지구가 감당할 수 있는 수준을 넘어서고 있으며, 나아가 기후변화야 말로 미래 세대의 생존에 가장 큰 위협이라는 점은 누구나 인식하고 있지만, 최근의 포스트모던 페미니즘(postmodern feminism)을 비롯한

---

[*] 2019년 9월 19일 『포브스』지에 실린 기사 「그레타 툰베리 효과: 소녀 에코 워리어들의 등장 (The Greta Thunberg Effect: The Rise of Girl Eco-Warriors)」에 따르면 카자흐스탄이나 영국에서도 소녀들이 중심이 되어 기후변화와 환경보호를 위해 직접 행동이나 프로그램 개발 등을 통해 적극 나서고 있는데, 이와 같은 특징은 에코페미니즘 관점에서 보자면 새로운 물결이라고 평가하였다. https://www.forbes.com/sites/bonniechiu/2019/09/19/the-greta-thunberg-effect-the-rise-of-girl-eco-warriors/#36dcd2ba407f

[**] '칩코운동'은 대규모 벌목을 막고자 인도의 히말라야 지역에서 일어났던 자연보호운동으로, 그 명칭은 우타 프라데시 지역의 토착 여성들이 자신들의 삶의 터전인 숲을 보호하기 위해 몸으로 나무를 감싸 안음으로써 벌목을 막았던 데서 붙여졌다. 또한 그린벨트운동은 산림의 황폐화가 농촌 지역의 빈곤을 초래하는 악순환을 끊기 위해 케냐의 활동가인 왕가리 마타이가 주축이 되어 나무 심기에 주력했던 운동으로, 수많은 여성들이 케냐뿐 아니라 아프리카 여러 지역에 걸쳐 5천만 그루 이상의 나무를 심었다. 워렌에 따르면 비서구 미개발 지역의 경우 가내 경제에서 여성들이 차지하는 역할과 비중이 높을수록 여성들이 주도하는 생계유지가 자연에 더 의존적이며, 따라서 생태 파괴로 인한 여성의 고통이 더 크다고 보았다. Karen Warren (2000), *Ecofeminist Philosophy*, New York: Rowman & Littlefield, pp. 2-3.

박혜영

대다수 페미니스트들은 여전히 자연의 위기를 (여성)젠더와 연관 짓는 데 인색하기 때문이다. 그 이유는 한편으로는 젠더평등이 페미니즘의 우선 과제이기 때문이지만, 다른 한편으로는 에콜로지 문제에 굳이 페미니즘 관점이 필요한 이유를 찾기 어렵기 때문이기도 하다. 환경문제는 인류 보편적 이슈이기에 페미니즘의 의제로 국한할 필요는 없다는 것이다. 그렇기에 에코페미니즘은 페미니즘과 에콜로지의 결합을 강조하기에 앞서 왜 생태위기의 원인과 해결이 페미니즘의 의제로 중요한지를 밝힐 필요가 있다. 물론 환경문제를 페미니즘 의제로 설정하려는 이런 노력은 사실 우려와 반감을 낳을 수도 있다. 왜냐하면 여성 젠더와 자연과의 친밀성을 강조하는 에코페미니즘의 논리는 사실 여성을 억압해 온 가부장제의 근거이자 동시에 '여성'이라는 단일 범주 안에 포함되지 못하는 수많은 타자들을 배제하는 조건이 되기 때문이다. 그렇기에 이런 우려를 완화하고 생태 위기에 대한 여성들의 관심을 끌어내기 위해서라도 자연과 여성을 연결하는 에코페미니즘의 주장에 대해 이론적 성찰이 필요한 것이다.

에코페미니즘은 오랜 역사를 지닌 서구의 인간중심주의(anthropocentrism)가 모든 약자를 여성적인 것으로 젠더화하여 차별하고 억압해 온 남성중심주의(androcentrism)와 동일한 사고 체계라고 주장한다. 가령 인류가 자연을 약탈한 것과 같은 논리로 서구가 식민지를 약탈하고, 자본가가 노동자를 약탈했으며, 남성이 여성을 약탈했다는 것이다. 그러나 흥미로운 것은 에코페미니즘과 달리 대부분의 페미니즘에서는 남녀 간의 젠더 차별이나 불평등에 대한 비판이 생태계 위기까지 확장되지 않는다는 점이다. 다시 말해 여타의 페미니즘에서는 젠더불평등과 자연 파괴를 상호 연결된 문제로 인식하지 않으며, 이런 인식의 결여로 인해 생태 위기의 엄중함에도 불구하고 이들의 에콜로지에 대한 관심이 생태 위기에 비례하여 빠르게 확대되지 않는다. 이런 상황에서 에콜로지에 대한 페미니즘의 관심을 확대하기 위해서라도 에코페미니즘의 젠더론에 대한 검토가 필요하다. 왜냐하면 에코페미니즘의 젠더론은 그 성격이 지니는 '본질주의(essentialism)'적 특성으로 인해 비판받았기 때문이다. 물론 에코페미니즘의 젠더론에 주목한다고 해서 젠더불평등의 과제가 덜 중요하다는 의미는 아니다. 다만 젠더평등도 지속가능한 삶의 토대가 마련되지 않는 한 구현되기 어려울 뿐 아니라, 설령 전 지구적으로 구현된다 하더라도 인류가 지구에서 살 수 없다면 지속될 수 없기 때문이다. 지금과 같은 위기를 극복할 대전환도 그동안 착취당해 온 약자들의 관점에서 모색되어야 함은 물론이다.

여성과 자연의 상호연관성

1970년대 에코페미니즘이라는 용어를 처음 사용한 도본느

(Françoise D'eaubonne)는 "에코페미니즘은 더 이상 복지가 아니라 필수불가결의 문제이자, 좀 더 나은 삶이 아니라 파멸을 피하는 문제이며, 좀 더 공정한 삶이 아니라 생물종 전체가 앞으로 미래를 누릴 수 있는 유일한 가능성"(204)의 문제임을 강조하며, 이런 생태적 위기를 초래한 '남성적 시스템(male system)'과의 전면적인 결별 없이는 인류의 미래를 장담할 수 없다고 했다. 도본느는 단지 권력을 남성과 나누거나 아니면 여성에게로 이행하는 '모부장제(matriarchy)' 차원이 아니라 모든 형태의 권력이 해체되는 새로운 체제로 전환해야 한다고 주장했다.* 이처럼 생태 위기를 젠더와 연관지어 분석하는 에코페미니즘은 우열과 배제에 토대를 둔 가부장제 논리를 식민 지배와 자연 파괴를 초래한 인간/자연, 서구/비서구, 문명/야만과 같은 제국주의나 자본주의와 동일한 억압 논리로 이해한다. 비서구와 자연을 약탈하는 제국주의, 자본주의, 그리고 여성을 억압하는 가부장제가 동일한 방식으로 작동하는 '남성적 시스템'인 것이다. 여성과 자연을 연결하려는 에코페미니즘의 노력은 자연에 대한 착취와 약탈이 여성의 종속이나 억압과 연관된다는 인식에서 비롯된 것이며, 따라서 문제의 해결 방법도 돌봄과 같은 여성 젠더의 특성이 자연의 특성과 유사할 뿐 아니라 이를 통해 자연을 더 잘 이해하고 돌볼 수 있다는

---

* Françoise D'eaubonne(2008), "The Time for Ecofeminism", *Key Concepts in Critical Theory: Ecology* (ed. Carolyn Merchant), New York: Humanity Books, pp. 204-205.

방안으로 이어진다.

　그러나 이런 본질주의적 입장은 두 가지 난제에 직면한다. 하나는 여성의 자연화(naturalizing the feminine), 또는 자연의 여성화(feminizing nature)라는 관점에 대해 과연 '여성'이라고 부를 만한 '본질'이 존재하는가라는 질문이다. 다음으로는 섹스(몸)와 섹슈얼리티(sexuality)와의 연관성이 해체됨으로써 수많은 다양한 '여성들'이 등장한 오늘날에도 과연 여성이라는 단일 '범주'가 존재하는가라는 질문이다. 범주를 설정하기 위해서는 공통의 본질적 특성이 존재한다는 전제가 필요하기에 사실상 이 두 난제는 동전의 양면처럼 서로 연결되어 있다. 에코페미니즘의 본질주의적 입장을 살펴보기 위해 먼저 여성을 어떻게 이해하는지 에코페미니즘의 인식론을 검토해 보자. 워렌(Karen J. Warren)과 플럼우드(Val Plumwood)는 여성과 자연에 대한 동일한 착취를 인식론적 틀에서 성찰함으로써 새로운 환경윤리를 모색한 대표적인 철학자이다. 먼저 워렌은 여성과 자연이 모두 동일한 인식론적 '지배논리'(logic of domination)에 의해 양자의 착취가 정당화되었다는 점에서 여성 젠더와 자연의 유사성을 찾는다. 가령 인간은 여성과 남성이라는 두 개의 젠더로 구성된 것 같지만 실제로는 그렇지 않다. 왜냐하면 남성은 보편적인(universal) '인간'이나 '정신'의 영역과 동일시되지만 여성은 개별적인(particular) '자연'이나 '육체'의 영역과 동일시되기 때문이다. 물론 개별적인 것은 보편적인 것이 비해 하위에 위치하게 된다. 따라서 자연은 인간이나 정신의 지배를 받도록 종속되어야 하며, 마찬가지의 인식적 틀에 의해 여성도 남성에게 종속되었다는 것이다. 워렌이 보기에 지배논리가 중요한 것은 이런 인식적 틀로 인해 가부장제 체제에서 "차이가 지배를 낳는(difference breeds domination)" 것이 개념적으로 정당화되었을 뿐 아니라 억압적인 지배를 강화하는 데도 기여하기 때문이다.* 워렌은 남성중심주의적 인식론이 바로 생태 위기의 원인이기에 범주로서의 여성에 초점을 맞출 경우 젠더와 자연과의 상호 연관된 지배 체제의 특성이 더 잘 드러날 수 있다고 보았다.

한편 플럼우드는 워렌이 언급한 가부장제의 '지배논리'의 기원을 찾고자 서구 형이상학의 이원론적 인식론으로 거슬러 올라간다. 그가 보기에 소크라테스, 플라톤, 데카르트로 이어지는 이원론적 인식의 틀은 그 기원부터 이성(reason) 우위로 젠더화되어 있으며, 이런 형이상학적 이원론 속에서 오랫동안 여성은 동물이나 토착 원주민과 함께 자연적인 것으로 간주되었다. 그는 "이성을 지배하고 명령함으로써 '자연'이라는 혼돈스럽고 결핍된 영역을 통제하는 것이 서구 문화의 주류 담론"이었으며, "자연 지배에 대한 이런 이데올로기가 서구에서 다른 형태의 주요 억압을 구조화하는 데 중요한 역할을

---

* Karen J. Warren(1994), "Toward an ecofeminist peace politics", *Ecological Feminism* (ed. by Karen J. Warren), London: Routledge, pp. 184-185.

한다"고 보았다.* 자연의 외부에서 인간 인식의 틀을 구성해 온 형이상학으로 인해 자연의 초월성이 강조되고, 자연은 경제적 측면에서 외부화되었다는 것이다. 이처럼 가부장제를 떠받드는 서구의 이원론적 인식론은 여성과 자연과의 본질적 연관성을 일종의 우열 관계로 배치함으로써 여성과 자연을 같은 방식으로 착취할 수 있었다. 워렌과 플럼우드는 우열에 토대를 둔 젠더화된 방식의 이분법적 형이상학을 비판하고, 자연을 비롯한 타자들과의 수평적 공감에 토대를 둔 '관계적 자아(relational self)'라는 새로운 여성적 윤리의 확장을 제시했다는 점에서 중요하다. 본질주의가 위계적 특성이 아니라 관계적 특성이라는 점은 여성과 자연과의 연관성이 가부장제의 근거가 될 수 없음을 보여줄 뿐 아니라, 본질주의에 대한 페미니스트들의 반감이 실제로는 이런 가부장적 관점을 그대로 수용한 것임도 보여주기 때문이다.

그러나 문제는 이들이 환경 윤리의 틀로 재설정한 여성과 자연 역시 가부장제의 위계적 이원론에 의해 이미 오염되어 버린 개념이라는 점이다. 이에 에이즐러(Riane Eisler)와 같은 에코페미니스트는 생태 문제를 해결하기 위해서는 이미 부정적으로 여성 젠더를 고정시킨 이원론적 틀 내에서가 아니라 오히려 가부장제 밖에서 여성과 자

---

* Val Plumwood(1994), "The ecopolitics debate and the politics of nature", *Ecological Feminism*, p. 74.

박혜영

연의 상호연관성을 찾아야 한다고 주장한다. 이들이 강조하는 '가이아(Gaia)' 전통은 지구를 여성화하여 보는 것으로, 여성에게는 자연을 이해하는 특별한 본능이 존재한다는 것을 전제한다. 여성에게 부여된 이런 인식적 특권은 전통적 여신 숭배와도 연결되는데, 주로 산업사회 이전 토착 사회에서 여성이 땅과 밀접한 유대 관계를 맺던 데서 그 예를 찾을 수 있다. 물론 이들의 주장이 단순히 원시시대와 모성을 신비화하는 데 그 초점이 있는 것은 아니다. 오히려 반대로 영성적 에코페미니즘은 지구(땅)에 토대를 둔 구체적인 지각 능력의 회복을 강조한다. 원시 공동체가 보여 준 구체적인 장소에 토대를 둔 여성적 공감 능력 회복이 지금의 생태 위기를 해결하는 데 중요하기 때문이다. 하지만 이처럼 현실 사회의 범위 밖에서 영성적 친밀성에 토대를 둔 젠더 인식론을 강조할 경우, 근대 이후 타자로 젠더화된 여성과 자연이 어떻게 스스로 오염되지 않은 원래의 본질을 회복할 수 있는가라는 문제가 제기될 수 있다.

이에 대해 제3세계 토착 여성들의 자급적 관점을 강조한 미즈(Maria Mies)나 쉬바(Vandana Shiva)의 사회주의 에코페미니즘 입장은 중요한 대안적 관점을 제시한다. 사회주의 에코페미니즘의 젠더 논의는 굳이 가부장제 이전의 원시시대까지 거슬러 올라가지 않아도 얼마든지 여성과 자연이 본질적으로 상호 연결되어 있으며, 여성들 간의 협력으로 자기들의 생활 터전과 자연을 지켜 왔음을 제시하기 때문이다. 먼저 이들은 산업자본주의 시대 여성에 대한 노동 착취와 자연에 대한 자원 약탈이 서로 맞닿아 있는 문제임을 직시하기 위해 생태 위기, 여성의 자급 역량(empowerment)의 상실, 제3세계 약탈의 문제를 동시에 관통하는 연결 고리로 자본주의에 주목한다. 가부장제와 결합한 자본주의로 인해 성별 노동 분업은 가정에서 사회로, 나아가 제3세계까지 확장되었고, 이 과정에서 두 개의 자유재였던 여성과 자연이 공통적으로 착취되었다. 자연과 여성, 그리고 제3세계가 공통적으로 겪은 이 과정을 미즈는 '가정주부화(housewifization)'로 설명한다. 이처럼 젠더화된 용어를 빌려 여성, 자연, 제3세계에 대한 자본주의의 착취를 이론화한 것은 이것이 모두 자본주의 경제 외부에서 일어나는 비공식 영역의 노동이자 성별 분업 방식의 노동이라는 점을 강조하기 위해서다. 다시 말해 산업사회에서 여성은 남성과 달리 '노동력(노동자)'으로 흡수되지 못한 채 '가정주부'로만 인식되었으며, 여성의 (재)생산력에 따라붙은 '가정주부'라는 젠더화된 용어가 보여 주듯 여성의 (재)생산력은 경제적으로는 자유재로, 정치적으로는 권리를 박탈당한(disempowerment) 비시민으로 간주되어 결과적으로 공공영역에서 배제되고 고립되었다는 것이다(Mies, 1998, 116). 이것이 젠더, 자연, 자본주의의 삼각관계에 대해 별다른 관심이 없는 포스트모던 페미니즘의 입장과 다른 점이다. 이들이 대안으로 제시하는 '자급 경제(subsistence economy)'의 회복은 땅을 보호하고 자연을 지켜 온 여성 젠더의 역할에 기대고 있으며, 제3세계 여성들의 공동체적 협업이야말로 글로벌 시장경제의 약탈에 맞서

박혜영

지속가능성을 담보하는 방법이라고 하겠다.

물론 이런 입장에 대해 토착 사회 내부의 불평등을 간과한 채 자급경제를 낭만화하고 있으며, 무엇보다도 여성 억압의 기원인 공동체 속으로 다시 여성들을 떠밀고 있다는 비판이 있는 것도 사실이다. 미즈를 향한 이런 반박은 대부분의 페미니스트들이 '공동체'에 대해 갖는 경계심을 대변한다. 페미니즘 관점에서 보면 공동체란 전통적으로 가부장제가 구현되는 공간이기에 이런 공동체주의를 강조할 경우 개별 여성의 자유나 해방은 억압될 수밖에 없기 때문이다. 따라서 여성의 헌신과 희생에 바탕을 둔 공동체주의를 벗어나지 않고서는 여성의 자유와 해방은 불가능하다는 주장이 나오는 것이다. 에코페미니즘에 제기되는 다양한 문제들, 가령 자연과 연관된 여성적 특성이 생물학적 본질인지 아니면 사회문화적 구성물인지, 본질적 특성은 수동성을 띠는지 아니면 능동적 저항성도 갖는지, 공동체주의는 반(反)여성적인 것인지 아닌지, 그리고 여성이라는 단일 범주를 설정하는 것이 또 다른 억압과 배제를 낳는 것은 아닌지와 같은 다양한 의문들은 앞으로도 계속해서 논의가 필요한 문제들이다. 그러나 여기서 중요한 점은 페미니즘이 에콜로지와 멀어질수록 '약자들의 정치학'인 페미니즘이 실제로는 가장 약자인 자연으로부터도 멀어지는 딜레마에 빠진다는 것이다.

시몬느 드 보부아르(Simone de Beauvoir)부터 게일 루빈(Gayle

Rubin)과 모니크 위티그(Monique Wittig)에 이르기까지 대세인 페미니즘 이론가들은 여성을 소위 본질주의나 환원주의, 그리고 정체 상태로 묶어 둔다고 추정되는 토대로부터 가차 없이 잘라 내기 위해 "자연(본질)으로부터의 탈주(flight from nature)"를 추구하였다. 그러나 문제는 이런 접근법으로 인해 더 많은 페미니스트 이론들이 "자연"에서 멀어지면 멀어질수록 바로 그 자연이 더욱더 암시적으로든 노골적으로든 여성 혐오라는 기만적인 모래 늪으로 작동함을 확인할 수 있다는 것이다. (Gaard 42)

에코페미니스트인 가드(Greta Gaard)의 주장은 역설적이게도 자연(본질)을 부정하면 할수록 그 자연이 바로 여성 혐오라는 늪으로 작용하게 된다는 점을 보여 준다. 즉 자연을 부정적인 관점에서 바라보는 한, 페미니즘은 가급적 '자연'과 '여성'이라는 범주로부터 탈주하려고 할 것이며, 그로 인해 더 깊은 자연 혐오와 여성 혐오에 빠질 수밖에 없다는 것이다. 문제는 인류세 시대가 인류를 비롯한 모든 생물 종의 종말이 될 수 있는 상황에서도 자연으로부터의 탈주가 대안처럼 논의된다는 점이다.

여성의 자연적 본질을 강조하거나 젠더노동으로서의 돌봄 능력을 찬양하는 것은 포스트모던 페미니즘의 지적처럼 여성의 섹스와 젠더를 일종의 '생물학주의(biologism)'로 고정시키는 측면이 있다. 그러나 생물학의 범주를 벗어나 젠더평등과 해방을 성취하려는 페미

박혜영

니즘의 노력이 궁극적으로 자연으로부터의 탈주로 귀결된다면 이것은 젠더불평등보다 더 큰 문제를 야기할 수도 있다. 사실상 지금은 여성이건 남성이건 모두 저마다 자신의 정체성에 맞춰 젠더와 신체를 다양하게 변형할 수 있으며, 나아가 인간이라는 유기체를 벗어나려는 기술적 노력으로 인간과 비유기체, 비물질, 기계와의 조합도 가능한 상황이다. 그러나 이와 같은 탈주를 현실적으로 구현하려면 무엇보다 자본과 기술의 개입이 반드시 있어야 한다. 문제는 에코페미니즘 입장에서 보자면 바로 이 자본과 기술의 결합이야말로 지금의 자연 생태계를 망가뜨리고, 빈부 격차를 가속화시키며, 자율과 자급적인 생활 방식을 무너뜨리는 주범이라는 점이다. 이런 까닭에 본질주의를 벗어나고자 젠더와 자연을 모두 문화적 구성물로 '탈자연화'시키려는 포스트모던 페미니즘의 노력이 지금 우리가 살고 있는 자본주의체재 내에서 젠더와 자연에게 어떤 결과를 초래하는지 고찰되어야 한다.

젠더의 정치적 저항성과 생태 위기

자본주의에 대한 에코페미니즘의 비판은 지금과 같은 생태 위기를 초래한 것이 바로 자본주의라는 점에서 자본주의보다는 섹슈얼리티에 더 관심을 기울인 포스트모던 페미니스트들과는 의미 있는 대조를 보여 준다. 가령 미즈가 자본주의로 인해 여성이 '가정주부화'로 고착되는 과정에 주목했다면, 버틀러는 고착된 (여)성을 해체하는 데 주력하였다. 전자가 자연의 자연성을 복구하고 보존하는 데 여성 젠더의 역할을 강조했다면, 후자는 자연을 문화의 일부로 변환시킴으로써 젠더와 섹스에 관한 한 그 기원부터 오직 문화만 존재했음을 밝히는 데 주력하였다. 그렇다면 젠더와 자연을 모두 탈자연화시키려는 후자의 노력이 자본주의 체제에 실제로 저항할 역량을 키워 내는지를 살펴봄으로써 전자와의 정치적 차이를 검토해 보자.

페미니즘이 존재하기 위해서는 여성이라는 범주를 통해 공통적으로 인식할 수 있는 어떤 젠더 정체성이 존재한다는 전제가 필요하다. 하지만 버틀러에 따르면 여성이라는 용어는 더 이상 고정되어 있거나 변하지 않는 본질이 될 수 없다. 그는 여성이라는 공통적 정체성이 섹스라는 원본에 기원을 둔 것이 아니라 제도 담론을 통해 가변적으로 구성된 것이라고 주장함으로써 '여성 없는 페미니즘'의 시작을 알렸다. 따라서 이런 가변적 정체성에 근거한 젠더는 모방으로서의 행위로만 존재할 뿐 그 행위 뒤에는 어떠한 원본도 없다. 다시 말해 모방을 모방하는 행위로서의 정체성만 존재할 뿐이기에 페미니즘에서 여성이라는 보편적인 범주를 구상할 수 없다는 것이다.

버틀러가 젠더 정체성이 허구라고 주장하는 이유는 그 '수행성(performitivity)' 때문이다. 물론 이것은 주체가 전제되어 있는 수행(performance)과는 다른 개념이다. 수행성은 반복적으로 규범을 실천함으로써 사회적으로 요구되는 젠더의 가면을 쓰는 것이기에 진정한 정체성이라고 부를 만한 본질적 주체가 없다. 우리가 다양한 여성을 동일한 여성 젠더로 인식하는 것은 사회규범과 법, 그리고 반복된 호명의 결과이며, 그렇기에 젠더란 일종의 가면처럼 일시적이고 가변적이며 유동적인 것이다. 나아가 버틀러는 젠더 수행성과 몸이라는 물질성 사이의 관계를 탐구하는데, 왜냐하면 젠더는 출생과 함께 신체의 섹스(생식기관)에 의해 최초로 호명되어 시작되기 때문이다. 가령 여자아이는 최초의 신체에 대한 섹스 인식에 의해 여성 젠더로 규정된다. 그러나 문제는 젠더의 원본으로 우리가 알고 있는 이 섹스조차도 문화적 구성물이라는 데 있다. 지금까지 견고한 젠더 정체성을 말할 수 있었던 것은 젠더의 토대이자 기원인 몸은 적어도 해부학적으로 진리라고 믿었기 때문이다. 그러나 실제로는 양성 인간인 에르퀼린 바르뱅의 사례가 보여 주듯이 몸도 사회적으로 어떻게 인식되느냐에 따라 다르게 구성될 수 있는 것이다.* 양성의 몸을 지닌 에르퀼린은 섹스와 젠더 그리고 섹슈얼리티의 이분법 체계를 교

---

* 19세기 프랑스에서 태어난 에르퀼린 바르뱅은 여성으로 섹스가 인식된 이후 수녀원에서 자랐지만 우연히 2차 성징기에 후천적으로 남성성이 발견되면서 사라라는 여성과 관계를 맺게 되는데, 이후 전문가에 의해 남성으로 호명되면서 수녀원을 나오게 된다. 비극적인 자살로 생을 마감한 에르퀼린의 사례를 통해 버틀러는 몸을 보며 규정하는 성차(sexual difference) 역시 가령 이성애에 토대를 둔 사회의 규범적 담론으로 결정되기에 몸도 문화적 구성물이라고 주장한다. 그녀에 따르면 "에르퀼린은 하나의 정체성이 아니라 성적으로 하나인 정체성의 불가능성"을 실증하는 셈이다. 버틀러, p. 128.

란시키며 굳건한 이성애 중심의 가부장제를 위협하고 해체하는 상징이라 할 수 있다. 마찬가지로 이성애에 대한 우리의 욕망도 사회규범에 의해 규정된 것이기에, 이성애에 토대를 둔 보편적인 가부장제라는 개념도 나아가 이런 가부장제로 억압받는 보편적인 여성이라는 범주를 상정하는 것도 모두 허구라고 할 수 있다. 다시 말해 섹스와 섹슈얼리티도 모두 젠더였으며, 이때의 젠더는 가변적인 젠더하기(gendering)로만 정체성을(정체성이라는 것이 가능하다면) 유동적, 일시적, 가변적으로 드러낼 수 있을 뿐이다.

그렇다면 이런 젠더론은 현실적으로 어떤 정치성을 지닐 수 있을까? 버틀러의 젠더론은 정체성의 해체를 통해 정체성을 인식한다는 점에서 '비정체성의 정치학'이며, 그나마도 "정치적, 문화적 접점에서 늘 끊임없이 생산되고 유지되는"(89) 것이기에 중층적 규범이 교차하는 바로 그 접점에서만 발현될 정치성을 지닌다. 이렇게 되면 비록 일시적이더라도 다양한 접점을 모두 아우를 수 있기에 다양한 차이를 전부 인정하고 포용할 수 있는 장점이 있다. 가령 성차별만 하더라도 인종, 계급, 지역, 종교, 민족, 섹슈얼리티, 연령과 같은 다양한 접점이 서로 무수히 교차하는 가운데 일어나는데, 보편적인 여성이라는 범주로 유형화하는 폭력을 동원하지 않고도 규명할 수 있게 되는 것이다. '차이의 정치'라고 호명되는 데서도 알 수 있듯이 버틀러 젠더론의 정치성은 차이가 차별을 낳는 것이 아니라 차별 없이 차이를 수용하자는 데에 그 급진성이 있다고 하겠다. 버틀러의 젠더 논의는 여성 억압의 근원인 젠더와 섹스를 해체하고 나아가 가부장제를 떠받치는 거대한 이성애 권력까지도 여러 다양한 섹슈얼리티의 관계 가운데 하나에 지나지 않는 미시적 권력으로 해체하였다는 점에서 이론적으로는 매우 급진적 저항성을 띤다고 할 수 있다. 그러나 문제는 이런 차이의 정치로는 여성과 자연을 억압하는 자본주의를 위협하기 어렵다는 점이다.

미즈에 따르면 버틀러 논의의 비정치성은 젠더를 고유의 공통 장소에서 뿌리 뽑아 지극히 개별적인 행위로 축소한 결과에서 나온다. 물론 미즈는 버틀러가 말한 개별성은 개인적인 것이 아니라 젠더를 개별화된 행위로만 동일시하거나 구별할 수 있다는 의미에서의 개별성에 토대를 둔 개념이다. 문제는 젠더가 정말 견고한 물적, 현실적 실체가 없는 허구적 정체성이라면 이런 개별적 행위로 어떻게 자본주의의의 현실적 억압에 저항할 수 있느냐는 것이다. 가령 앞서 예로 들었던 케냐의 농촌 지역 여성들은 정부의 금지 명령에도 불구하고 환금작물인 커피나무를 뽑고 거기에 마을 주민들의 식량을 위한 작물을 심었는데, 이런 정치적 액티비즘은 가부장(남편), 정부, 나아가 다국적 커피 기업에 대한 공통의 경험을 여성들이 공유하고 있었기 때문에 가능하였다. 미즈의 주장처럼 모든 억압적인 권력에 저항할 수 있는 연대의 힘은 이처럼 젠더에서 나오며, 이 젠더 의식은 여성이라는 범주를 공유할 수 있는 어느 정도의 제한된 장소에 뿌리를 두고 형성된다. 물론 이런 주장에 대해 다시 본질주의와 공동체주의로의 회귀라고 비판할 수 있지만 적어도 시간과 공간을 함께 공유함으로써 형성된 이런 젠더의 연대가 자본주의에 저항할 토대가 된다는 점에서는 정치적 힘이 있다.

그렇다면 젠더는 어떻게 공통성으로부터 떨어져 나오게 되는가? 버틀러 젠더론의 가장 큰 한계는 무엇보다 젠더가 본질적으로 구체적인 장소(땅)에 토대를 둔 것임을 인식하지 못한다는 데 있다. 섹스건 젠더건 간에 인간은 누구나 장소를 떠나서는 삶을 유지할 수가 없다. 포스트모던 페미니스트들이 문화적 구성물로 해체시킨 젠더는 토착 문화에서 알 수 있듯 제한된 장소 안에서 구체적인 공통 경험 위에 오랫동안 형성된 것이며, 그런 젠더 간의 연대와 협력 덕분에 삶의 터전을 돌보고 생계를 유지하며 공동체는 전승될 수 있었다. 이런 까닭으로 미즈는 미국의 백인 여성 학자 중심의 포스트모던 페미니즘 담론이 지극히 엘리트주의적일뿐 아니라 실제로 정치적으로도 보수적이라고 비판한다.

이런 이론적 이동(1990년대 이후 페미니즘이 강단 비평으로 이동한 것 지칭)으로 인해 포스트모더니스트들은 복수(plurality)의 인간과 문화 그리고 이슈가 지니는 공통성과 연계성을 더 이상 인정하지 않게 되었을 뿐 아니라 무엇이 중요하고 그렇지 않은지에 대해서도 알지 못하게 되었다. 정치적 행동은 '정치적 올바름', '젠더', '인종', '문화', '성적 지향성', '민족성' 등을 단지 언어로만 열거하는 것으로 축소되었다. 대

박혜영

부분의 포스트모던 페미니스트들은 어느 한쪽에 서는 것을 두려워한다. 그들은 '여성'이건, '모성'이건, 아니면 뭐든 간에 사회적 카테고리로 본질화하는 것을 두려워한다. 특히 이들은 젠더에 관한 담론으로 여성운동을 탈정치화하는 데 기여하였다. (The Subsistence 196)

그런데 여기서 또 하나의 문제는 여성들이 자신의 신체와 어머니인 자연으로부터 벗어나면 벗어날수록 자본주의로부터 해방되는 것이 아니라 역설적이게도 실제로는 자본주의에 더 무방비로 노출된다는 점이다. 가령 버틀러는 젠더 주체가 실제로는 비결정적이고 가변적이라는 점을 설명하기 위해 성/젠더적으로 트랜스(trans)와 크로스(cross)를 넘나드는 드랙 퀸(drag queen)을 언급한다. 이들은 생물학적으로는 남성이지만 여성을 모방하는 크로스적인 주체들이다. 버틀러가 드랙 퀸에 주목한 이유는 이들의 여성성이 상당히 과장된 재현물을 모방하고 있기 때문이다. 다시 말해 자연스러운 여성성이 아니라 당대의 규범과 담론이 자연스러운 자질로 간주하는 그런 여성성을 과장해서 모방한다는 것이다. 이런 모방 행위를 통해 젠더 수행이 패러디(parody)임을 보여 주고, 그런 패러디 속에서 젠더 주체성을 넘나들며 경계를 허문다는 것이다. 하지만 이들의 실제 삶은 버틀러의 이론과는 달리 바로 그 가변적인 젠더 정체성 때문에 저급한 대우를 받으며, 저임금 비정규직 노동으로 생계를 유지하고, 그로 인해 자본과 광고, 소비와 상품화의 대상으로 쉽게 전유되는 위태로운 상황에 처하게 된다는 점이다.* 나아가 드랙 퀸의 여성성은 성폭력의 위협에도 쉽게 노출되며 '성'적으로 대상화되기도 쉽다. 이 점에서 "왜 포스트모던 페미니스트들은 지구상의 가장 약자들을 착취하는 '글로벌 자본주의 가부장제'(global capitalist patriarchy)가 바로 페미니즘의 투쟁 대상이 되어야 함을 모르는가?"라는 미즈의 질문은 상당히 정당한 물음이다.

젠더의 생태적 저항성을 위하여

페미니즘의 출발점이 바로 약자들에 대한 관심에서 시작되었음을 기억한다면 지금의 생태 위기에 맞서 '아래로부터의 관점'으로 전환하려는 노력이 시급하다고 하겠다. 아래에 존재하는 약자들의 삶은 연대하지 않고서는 평화롭게 살 수도 없을 뿐 아니라 지속가능하지도 않다는 것을 역사는 항상 입증한다. 가령 다음의 사례는 젠더의 정치성이 아래로부터의 여성들 간의 연대와 협력에 있으며, 바로 거기서 가부장제와 자본주의 그리고 식민주의에도 저항할 수 있는 힘도 나오는 것임을 1990년대 중반 파푸아 뉴기니의 토착 여성들의 투

---

* 조현준 (2014), 『젠더는 패러디다』, 서울: 현암사, p. 133-134.

박혜영

쟁과 저항에서도 알 수 있다. 파푸아 뉴기니 토착 여성들은 국가가 세계은행에 진 채무 때문에 세계은행과 국제통화기금으로부터 구조 조정을 당해야 했다. 그것은 부족들이 공동소유하고 있던 공유지를 사유화하여 개발하는 프로그램이었다. 이에 부족 공동체들은 서로 연대하여 저항하는데, 그 저항에 토착 여성들이 앞장선 것이다. 마침 내 정부는 대규모 저항에 항복하여 토지 전환 프로그램을 철회하였 다. 이 사례는 세계은행, 국제통화기금과 같은 거대 조직이 한 손에 는 차관을 다른 손에는 구조 조정이라는 채찍을 들고 비산업화 상태 에 놓인 많은 공동체들을 해체하여 어떻게 자원, 토지, 노동력을 사 유화하는지 잘 보여 준다. 에코페미니즘은 약자에 대한 약탈과 억압 을 이처럼 구조적인 문제라고 인식하기에 지금과 같은 자본주의 구 조를 무너뜨리는 저항의 힘도 개별적인 행위가 아닌 젠더 간의 연대 와 협력에 있다고 보는 것이다. 페미니즘은 오랫동안 젠더를 미심쩍 은 눈길로 바라보고 젠더야말로 그동안 여성들이 받았던 억압과 불 평등의 원인이라며 탈젠더화의 노력을 경주해 왔지만, 위의 파푸아 뉴기니 사례처럼 실제로는 거대 권력에 대한 여성들의 연대적 저항 만이 삶의 터전과 자연을 지킬 수 있는 동력이 될 수 있기 때문이다.

젠더의 생태적 저항성은 어디에서 나오는가? 파푸아 뉴기니 사례 에서도 암시되듯이 여성 젠더의 임파워먼트의 근거는 땅에 대한 사 유권이 아니라 공유권을 강화하는 구조에서 나온다. 땅의 점유권이 아니라 사용권의 확대야말로 기존의 토착공동체가 지닌 경세제민의 원리인 것이다. 자본주의로의 이행이란 공유의 권리를 사유의 권리로 전환하는 일련의 과정에 다름 아니다. 물론 위의 사례는 비근대적인 토착 사회 여성들의 이야기이기 때문에 특수한 상황이라고 생각할 수도 있다. 오늘날 대도시에 사는 대다수의 여성에게는 공유지의 경험이 없는 데다, 실제로는 미시적 성차별이 거시적 자연 파괴보다 더 피부에 쉽게 와 닿는 것도 사실이다. 포스트모던 페미니즘이 주장하는 것처럼 수많은 중층적 접점이 교차하는 지점에서 끊임없이 생기는 개별적인 '차이'에 대해 정치적으로 공적인 인정이 필요한 것도 사실이다. 하지만 이런 '차이의 정치학'으로는 계급, 인종, 민족, 종교를 교차하며 일어나는 다양한 불평등과 자연에 닥친 위기를 해결하기가 쉽지 않은 것도 사실이다. 자연(땅)이 원래의 공유적 속성을 상실하고 소수에게로 사유화됨으로써 파국적인 변화를 겪는 것과 마찬가지로 여성 젠더도 미시적인 차이의 발견에 의해 거시적인 공통성을 상실하게 되면 쉽게 개별화되고 사적인 어떤 것으로 변하게 된다. 그 결과 여성과 자연 모두 자본주의의 상품화에 취약하게 된다. 물론 지금과 같은 초국적 자본주의 사회에서 전통적 의미의 공유지 확대를 기대하기는 어려운 일일 수 있다. 하지만 교육의 공유적 속성, 자원의 공유적 속성, 예술의 공유적 속성과 같이 각 분야에서 공유적 대안을 강화하는 방안을 마련한다면, 자연과 같은 공유재들이 상품화되면서 일어나는 광범위한 환경 파괴를 완화할 수 있다. 공유권의 확대는 남녀 두 젠더 간의 성차별이나 착취가 아닌 젠더의 공생을 지향하며, 나아가 인간과 자연과의 지속가능한 공존을 모색한다. 젠더 간의 평화와 공존은 먼저 자연과의 공생을 도모하지 않고서는, 다시 말해 더 많은 개발을 자제하지 않고서는 해결하기 어렵다. 에코페미니즘의 젠더 논의가 페미니즘 학계에서 더 활발해져야 하는 이유가 여기에 있다고 하겠다.

기후위기 시대의
돌봄민주주의와
탈성장 전환의 모색

김은희

＊ 이 글은 『여/성이론』 45호(2021년 겨울호) 120~145쪽에 실린 「기후위기 시대의 돌봄 민주주의: 대안적 정치체제와 탈성장 전환의 모색」을 수정한 것이다.

목도하고 있는 현실

'기후위기(climate crisis)'라는 말에 무엇을 떠올리는가. 녹아내리는 빙하와 동토, 혹은 거죽만 남은 북극곰 사체, 아니면 불타는 열대우림과 홍수? 공포와 위협이 아니면서 각자에게 무관하지 않은 방식으로 기후위기에 관한 이야기를 건넬 수 있을지 고민하게 된다. 지구 행성은 이미 기후 비상사태의 '티핑 포인트(tipping point)'를 지나 버렸는지도 모르고(Carrington, 2016), 인류에게는 허비할 시간이 남아 있지 않다. 기후위기 부정론자들의 '무대응'을 논외로 한다면, 기후위기에 대응하는 방책은 크게 탄소를 포함한 온실가스 배출을 줄이는 '저감' 그리고 달라진 기후에의 '적응' 두 갈래다. 당장 시급한 것은 적극적인 저감이겠지만, 적응과 저감은 별개가 아니다. 함께 살기 위해 탄소를 덜 배출하는 방식에 적응하는 삶의 전환이 요청된다.

이 글은 기후위기가 실재하는가, 그리고 젠더 관련성이 있는가를 다시 치밀하게 검토하는 것을 목표로 하지는 않는다. 젠더와 기후위기 그리고 정치의 긴밀한 연계는 새삼스러운 질문이 되었다. 실질적 작동을 차치하고 보면 국제사회는 규범적 차원에서 기후위기 대응의 젠더 관점 통합이 자리를 잡고 있어서, 유엔기후변화협약은 '젠더 행동계획(GAP, 2020-2024)'을 채택했다. 하지만 기후위기 대응을 의제로 삼은 사회운동 공간에서 가장 진보적이라는 단위에서조차 여전히 사회의 불평등한 젠더 권력관계가 여전히 남아 있다는 문제의식을 토로하곤 한다.* 그럼에도 여성들은 공기 같은 성차별주의에 맞서면서 기후정의 운동의 주체로 적극적인 활동을 펼쳐 가고 있다.

2021년 11월 세계 각국 대표들은 파리기후협약 이행을 점검하기 위한 COP26 유엔기후변화협약 당사국총회 참석을 위해 영국 글래스고에 모였다.** 이 회의가 시작되기 전날 확인한 두 가지 소식은 COP26 결과를 어느 정도 예견하게 했다. New Systems Change Lab의 최신 보고서를 인용한 가디언 보도는 세계가 기후 파국을 막는

---

* 영국을 중심으로 하는 멸종저항(Extinction Rebellion, 지구를 위협하는 기후와 생태 위기에 맞서는 국제적 비폭력 직접행동 운동 조직)에서는 '적극적 경청'이라는 페미니스트 실천을 활용하여 공동 토론을 진행하는 방식으로 여성 활동가들이 스스로의 경험을 드러내고, 이를 글쓰기로 정리하여 기록으로 남겼다(Smyth & Walters, 2020).

** 젠더행동계획이 채택된 후 첫 당사국총회였음에도 COP26 총회 준비위원회를 전원 남성으로 구성해 비판받기도 했고, 남성들로만 구성된 테이블('Manels', All-Male Panels) 문제는 2024년 COP29를 위한 준비위원회 구성에서도 다시 반복되고 있다.

김은희

데 실패하고 있다고 알렸다(Milman, 2021). 또 다른 소식은 아바즈 (Avaaz)를 통해 전달된 여러 나라 기후활동가들의 긴급 호소문이었 다. 그레타(스웨덴), 바네사(우간다), 도미니카(폴란드), 미찌(필리핀) 그리고 전 세계 젊은 활동가들*이 발신한 편지에는 기후위기를 멈 출 가능성이 점점 줄어들고 있다는 절박감과 탄소 감축에 실패한 정 부와 정치 지도자들에 대한 배신감이 오롯이 담겨 있었고, 다음 달 다음 해는 없으니 바로 지금 행동에 나설 것을 촉구했다.

COP26 정부 대표들의 협상은 순조롭지 못했다. 루이스 아르세 (Luis Arce) 볼리비아 대통령은 "기후위기 대응은 더 많은 '녹색 자본 주의(green capitalism)'나 글로벌 탄소시장으로는 달성되지 않을 것 이며 해결책은 자본주의의 대안적 모델로 나아가는 문명의 변화"라 고 연설했지만, 합의 내용은 그에 미치지 못했다. 일부 국내 언론 보 도에서는 1.5°C 목표를 살린 '역사적 합의'로 언급하기도 했지만, 최

---

* 긴급 호소문을 발신한 이들을 포함해서 최근 청소년 기후활동가들의 인상적인 특징에 관한 페미니스트 연구가 필요할 것으로 생각된다. 일례로 Z세대 기후활동가의 특징을 인터뷰한 Gayle Kimball(2021)의 연구를 보면, 이전의 기후활동가들과는 대조적인 특징으로 훨씬 더 젊고 가장 두드러진 점은 '소녀'들이라는 것이다. 그들은 기후위기가 여성을 포함한 혜택 받 지 못한 사람들에게 끼치는 해를 언급하며 기후정의를 강조한다. 또한 '교차적'이라는 단어를 사용하여 이슈들이 얽혀 있다고 지적한다. 이는 초기 환경운동의 기술 단일 이슈와 제2물결 여성운동이 성차별주의에 초점을 맞춘 것에 대한 반응이라는 분석이다. Kimball은 이들의 특 징으로 우선 기후활동가로 정체화하고 있으며, 낙천적이고, 소통적이며, 페미니스트이고, 여 성들이 기후활동가들의 대다수를 차지하고 있다고 설명한다. 또한 성차별주의 때문에 목표 를 달성하기 위해 열심히 일해야 한다는 것을 알고 있다고 언급한다.

종 합의문은 초안보다 더 후퇴한 것이었다. 석탄 화력발전에 관한 합의는 '단계적 퇴출(phase out)'이 아닌 '단계적 축소(phase down)'에 그쳤다. 1.5°C 목표는 살아 있지만 단지 그것뿐이고, 대부분의 문제를 뒤로 미뤘다는 평가다. '기후정의(climate justice)'의 고려도 제한적으로만 언급되었다. COP26 기간 동안 10만 명 규모 기후 시민들이 글래스고 거리로 나온 포괄적 이유가 바로 기후정의임에도 인권과 사회적 불평등을 고려하도록 하는 것을 "일부 사람들에게만" 중요하다 정도로 언급하고 있다. 결과적으로 정부 대표들이 참여하는 당사국총회라는 근본적인 한계를 극복하기 어려웠다. 2022년 COP27에서도 미뤄 둔 책무인 '손실과 피해(Loss & Damage)'를 두고 논쟁했고 2023년 COP28에서 '손실과 피해 기금'이 만들어졌지만, 화석연료로부터의 전환을 두고 '퇴출(phase out)'을 못 박지 못한 채 '벗어나는(away)' 식으로 에둘렀다. 당사국총회는 기술관료적 접근과 시장주의자들이 더 북적대고 있다.[*]

COP26 총회에서 투발루 외무부장관 사이먼 코페(Simon Kofe)는 기후위기의 시급성과 당사국총회의 한계를 몸으로 보여 주었다.[**] 그

---

[*] 페미니스트 액션 넥서스의 분석에 따르면 COP28에 등록된 화석연료 로비스트는 2,456명으로, COP27 당시에 비해서 4배 이상 늘었다(Tobin et al., 2024).

[**] 사이먼 코페 장관의 연설 장면은 다음 링크를 통해 확인할 수 있다. https://www.reuters.com/business/cop/tuvalu-minister-stands-sea-film-cop26-speech-show-climate-change-2021-11-08/

김은희

는 해수면 상승으로 인해 물에 잠길 위기에 있는 폴리네시아 섬나라 투발루의 상황을 전달하기 위해 무릎까지 차오른 바다에 서서 연설했다. 그저 보여 주기식 퍼포먼스가 아니다. 투발루 같은 도서 국가 주민들은 해수면 상승으로 존립 자체가 위태로운 상태에 놓여 있고, "익사가 아니라 투쟁할 것이다"라고 외치고 있다. 하지만 실제 기후 위기 대응을 위한 국제 협력은 자국의 이해와 힘의 논리가 지배하는 정치 동학에 따라 움직인다. 바다에 잠기는 섬나라 사람들은 '기후난민' 처지가 되지만, 기후난민으로 인정받고자 애썼던 이오아네 테이티오타(Ioane Teitiota)는 키리바시*로 송환됐다(프라샤드, 2018:28). 이것이 제국주의적인 현실 정치의 국제 질서이다. 단지 그날그날의 날씨가 아니라, 문명의 토대인 안정적 기후는 인간 존재가 지구 행성에서 살아갈 수 있는 전제 조건이다. 급격하게 뜨거워지고 있는 지구 어디도 안전한 곳은 없고, 모든 종들이 자신이 살아가던 장소에서 떠밀려 피난하고 있다(브라켈, 2021). 기후위기 시대엔 어쩌면 지구 행성에 거주하는 존재들 모두가 삶터에서 내몰려 기후난민으로 '집 떠나는 삶'을 살아가게 될지도 모른다.

---

* 키리바시 공화국은 기후위기로 인한 해수면 상승으로 많은 피해를 입고 있다. 투발루와 같이 키리바시도 2050년경에 국토가 바다에 잠길 가능성이 높다. 하지만 다른 나라 사람들에게는 "언제 가라앉을지 모르는 '한정판 여행지'"일 뿐이다.

기후위기를 야기하는 원인으로서의 불평등과 전환의 요청

2016년 채택한 파리협정(Paris Climate Agreement)은 지구 평균온도 상승을 2° 아래로 억제하고, 1.5°를 넘지 않도록 '노력'하는 것을 목표로 걸었다. 하지만 2018년 IPCC(Intergovernmental Panel on Climate Change)는 단 0.5° 온도 상승이 가져올 엄청난 격차를 설명하면서 1.5°C를 지켜야 한다고 강조했다. 이제 인류에게 우호적 '테라폴리스'*인 지구는 종말을 고하고 있으며, 특히나 파국 이후에 펼쳐질 디스토피아의 시간은 어려운 사람들을 더 고통으로 몰아넣게 되리라. 세계불평등데이터베이스가 보고한 기후변화와 탄소배출 불평등 현황을 보면(Chancel, 2021), 2019년 전 세계 인구의 가장 부유한 10%가 전 세계 배출량의 거의 48%를 배출하고 상위 1%가 전체 배출량의 17%를 차지하는 반면, 인구의 가난한 절반은 전 세계 배출량의 12%만을 배출한다. 그간 탄소배출 불평등의 2/3가 국가 간 배출량 불평등으로 인한 것이었으나, 2019년부터는 다른 양상도 있다. 북반구와 남반구 국가 간의 불평등뿐만 아니라 국가 내 저배출자와 고배출자 간 격차가 벌어지고 있는데, 이는 국가 내 사회경제적 불평등의

---

* 해러웨이의 개념인 테라폴리스는 땅을 의미하는 '테라(terra)'와 정치체를 의미하는 '폴리스(polis)'를 합성한 말이다. 지구에 사는 인간과 비인간 모두 지구에 동등한 권리를 지닌 테라폴리스의 시민이 되며, 인간은 수많은 플레이어 중 하나일 뿐이다(해러웨이, 2021:23).

김은희

심화와 연관된다.

　기후변화와 불평등 논의는 주로 기후위기가 야기한 결과로서 '취약성(vulnerability)'에 집중하고 있지만, 사회경제적 불평등은 기후위기 대응의 효과성을 떨어뜨리고 이것이 다시 기후위기 심화의 원인이 되기도 한다. 이런 관점에서 볼 때 기후위기에 맞서는 운동은 기존 환경운동이나 수치화된 탄소중립이 아니라 불평등에 맞서는 운동, 체제 전환이라는 요청과 맞물리게 될 수밖에 없다. 이와 같은 전환의 요구는 여성들에게도 예외가 아니어서 #99%페미니즘을 제안하는 페미니즘선언에서는 젠더 정의를 현재의 위기를 넘어 새로운 사회로 이끌 방향으로 잡고 '생태-사회주의-kick back 페미니즘'과 행동주의를 주장한다(프레이저 외, 2020). 또한 시장화를 너머 돌봄을 삶의 모든 수준에서 중심에 두는 사회적 이상으로서 '보편적 돌봄(universal care)'을 급진적으로 재구성하고자 하는 정치적 비전도 제안되고 있다(케어 컬렉티브, 2021). 급박한 현실 속에서 단호한 '선언'으로 분출되고 있지만, 페미니즘과 생태주의 그리고 사회주의가 이어지는 새로운 상상을 제안하는 시도들이다. 이와 같은 양상이 라투르(B. Latour)의 말처럼 "이른바 사회투쟁과 생태투쟁 사이의 연대를 위태롭게 했던 '단절(disconnect)'에 종지부를 찍는"(라투르, 2021a:119) 양상을 보여 주는 한 단면인지도 모르겠다. 그는 더욱 급진적으로 우리가 지금 벗어나야 하는 것은 생산 시스템 자체라고 강조한다.

돌봄 위기와 페미니스트 기후정의

코로나19 바이러스라는 존재의 등장과 함께 인간들은 모르던 많은 것들을 빠르게 체화해 나가고 사소한 삶의 양식까지도 바꿔 내고 있다. 생소했던 '팬데믹(pandemic)'이라는 말도, 답답하기만 하던 마스크 착용도 익숙해졌다. 팬데믹이 가져온 고통과 혼돈은 큰 기후위기를 준비하기 위한 마지막 예행연습(Dress Rehearsal)이라는 언급도 있었지만(Latour, 2020b), 감염병 바이러스는 우리 모두에게 삶의 조건을 재정향하고 일상적 실존의 세부까지 바꿔 내기를 채비하고 촉구하고 있다는 것이다. 하지만 기후위기는 기다렸다 순차적으로 오는 것이 아니라 이미 도착해 있고, 인류는 연결된 '다중 위기'(polycrisis)*를 한꺼번에 헤쳐 나가야 하는 상황이다.

여러 나라에서 그리고 한국에서도 팬데믹으로 인해 기저의 불평등이 극적으로 드러나고 있는 양상 중 하나가 '돌봄 위기'다. 그간 당연한 것으로 치부했던 가족과 공동체 내의 돌봄 수행이 우리의 일상을 유지하는 데 얼마나 중요한 것이었는지 새삼스레 부각시켰다. 돌

---

* 1970년대에 역사가 Adam Tooze가 여러 위기가 함께 닥치는 것을 묘사하는 말로 '다중 위기'를 제기했는데, 이는 개인적이고 사적인 경험이 아니라 집단적 경험이라고 강조한다. 세계경제포럼(2023)에서 발간하는 『글로벌위험보고서 2023』에서는 코로나19 팬데믹, 우크라이나 전쟁, 에너지, 생활비, 기후위기 등 서로 다른 위기가 상호작용하면서 전체 영향이 부분의 합을 훨씬 초과하여 위험이 증가하고 있다고 설명한다.

김은희

봄이라는 것이 사람들 간의 관계를 본질로 하는 관계재(關係財)라는 특성(라투슈, 2014:111)을 가지기에 거리두기와 비대면이라는 조건 속에서 더욱 그러했다. 우리 사회 여성들은 노동과 돌봄 그리고 교육에 관한 역할이 뒤엉켜 삶에 들러붙은 압축적 돌봄노동을 감당해 왔다. 국가는 돌봄의 사회화를 약속했지만 돌봄의 사회화는 결국 돌봄의 '시장화' 내지 '상품화'로 귀결된 측면이 강하고, 뒤늦은 공공성 확보 시도는 '밥그릇 싸움'으로 이어지기도 한다. 한국은 외환위기 이후 20여 년의 비교적 짧은 기간 동안 사회적 보호 장치들이 급속하게 도입되고 있지만, 압축적 성장에 비례하는 압축적 복지 확대가 내실 있고 체계적인 복지국가의 구축으로 귀결되었다고 보기 어렵다(여미진 외, 2017). 정책적 대처는 미흡했고, 방역조치가 만들어낸 '언택트 사회'는 일과 돌봄이 분리되지 않는 여성들의 삶을 빠르게 태워버리고 있다. 프레이저(N. Fraser)는 코로나19가 기존의 사회적 재생산 위기를 크게 악화시켰다고 말할 수 있겠지만 역으로 사회적 재생산 위기가 코로나19의 영향을 크게 악화시켰다는 것도 사실이라고 지적하는데(Mosquera, 2021), 이는 일본에서 고도성장기 '지나치게 성공한' 돌봄의 젠더 차별이 저성장사회로의 적응을 가로막는 원인이라는 진단(Takenobu Mieko, 2016)과도 이어지는 해석이다.

이와 같은 조건에서 위기 이전으로의 회귀가 아닌 '더 나은 재건(building back better)'이 새삼 강조되고, UN Women에서도 코로나19 이후 일자리, 돌봄, 기후라는 연결된 위기가 체계적으로 성평등을 악

화시키고 사람과 지구의 생존을 위협하고 있다는 문제의식 속에서
『지속가능성과 사회정의를 향한 새로운 페미니스트 로드맵』을 제안
하고 있다. 최근에는 프레이저의 정의론을 토대로 인정(recognition),
재분배(redistribution), 대표(representation) 및 배상(reparation)이라는
네 가지 차원과 상호의존성으로 '페미니스트 기후정의'를 개념화하
면서 기후위기 시대의 성평등을 재구성하고자 시도하고 있다(UN
Women, 2023). 페미니스트그린뉴딜연합(Fem GND)에서는 "'그린잡
(green job)'은 돌봄을 포함하여 사람과 지구 행성의 웰빙과 관련된 모
든 직업을 의미해야 한다"는 관점에서 돌봄노동은 기후노동이고, 돌
봄을 인프라스트럭처로 규정하면서, 이를 위한 (비용이 아니라) 과감
한 투자가 필요하다고 강조한다. 나아가 웰빙과 돌봄의 페미니스트
경제를 향하여 '젠더 변환(gender-transformative) 환경정책'으로의 이
동을 제안하면서, 환경적, 경제적 측면뿐 아니라 사회적 측면도 동등
하게 고려하고 젠더 정의를 보다 구체적으로 포괄하는 전환을 위해
지속가능성에 대한 보다 총체적인 개념을 적용해야 한다는 분석도
있다.[*]

---

[*] 이 연구에서는 이론적 전제로 '논바이너리 교차 에코페미니즘(non-binary intersectional
ecofeminism)'이라는 입장을 밝히고, 탈식민 관점의 기후정의를 추구한다(Asmae
Ourkiya(They/Them), 2021.)

김은희

여전한 한계: 한국판 뉴딜 업데이트

코로나19와 기후변화 대응 일환으로 유럽과 미국을 중심으로 그린(뉴)딜이 추진되고 있다. 미국의 경우 오바마 정부 시기 그린뉴딜과는 다른 차이점을 강조하기 위해 '급진적' 그린뉴딜이라 구분해 부르기도 한다. 여성들도 급진적 그린뉴딜에의 페미니스트 관점 개입을 시도하고 있는데, 페미니스트 그린뉴딜은 교차 분석을 발판으로 삼아 '돌봄과 생성의 원칙에 중점을 둔 대안경제(alternative economy centred on principles of care and regeneration)'와 행동주의를 강조하고 있다(Daniel & Dolan, 2020).

기후변화 대응에 미적이던 한국 정부도 코로나19를 경험하면서 '한국판 뉴딜 종합계획'을 발표했다. 그러나 '새로운 사회계약으로서 뉴딜'이라는 주창과 정부 주도 정책으로서 '한국형 뉴딜' 계획의 간극이나 토론되지 못한 명명과 정의(definition)의 문제 그리고 그린뉴딜 부차화, 팬데믹 상황의 돌봄위기 대응 실종, 젠더 관점의 부재 등은 한계로 지적된다(김은희, 2021a). 한국 사회 페미니스트 그린뉴딜의 탐색 가능성에 관해 이유진(2020)은 2050 탄소중립을 강조하면서 여성들이 탄소중립사회를 지탱할 대안경제로서 '탈탄소 경제사회'로의 전환을 강조한다. 다만, 여기에서는 그린뉴딜을 새로운 사회계약으로 상상하기보다 탄소중립의 하위에 배치하면서 탄소환원주의로 흐를 위험을 내포하기 있기도 하고, 앞서 소개하고 있는 페미니스트 관점에 기반한 전환의 요청과도 결을 달리하는 한계가 있다. 정부가 관계 부처 합동(2020. 7.)으로 발표한 한국판 뉴딜의 성격은 새로운 사회로의 전환을 위한 계획이라기보다 녹색 성장의 연장선이다. 녹색 경제와 그린뉴딜 정책에 관한 페미니스트 비판은 찾아보기 어렵지 않다. 마라 쿨(Kuhl, 2012)은 독일의 경험에서 그린뉴딜이 남성이 지배하고 있는 에너지와 건설 부문에 초점을 맞추고 있기 때문에 그러한 계획이 성별 위계질서를 강화할 가능성을 지적했다. 바우하르트(Bauhardt, 2017)도 사회적 재생산 관점에서 녹색 경제 접근이 생태적 경제의 대안을 피상적으로 분석하여 페미니스트 관점이 침투하고 있지 못하다고 비판하면서 사회적 재생산과 돌봄 활동이 페미니스트 경제의 핵심임을 강조한다.

2021년 7월 정부는 다시 업데이트된 계획을 발표했는데, '한국판 뉴딜 2.0 추진계획'은 기존 '사회안전망 강화'를 '휴먼 뉴딜'로 대폭 확대·개편하여 사람투자 강화, 불평등·격차 해소 등을 추진하며, 5대 대표 과제의 하나로 돌봄 격차 해소를 설정하고 있다. 돌봄 격차 해소를 위해 사회서비스원 설립, 한부모·노인·장애인·아동 등 계층별 돌봄 안전망 강화, 지역사회통합돌봄의 안정적 추진을 위한 「지역사회통합돌봄법」을 제정 등을 포함하고 있다. 그러나 이러한 내용은 새롭게 추진되는 내용이기보다 기존 정책을 한국판 뉴딜 2.0의 내용에 포함시켜 끼워 넣은 것에 가깝고, 젠더 관점에서의 추가적인 검토도 필요할 수 있다. 일례로 지역사회통합돌봄 '커뮤니티 케어

(community care)'는 노인 돌봄 정책으로 보자면 '살던 곳에서 나이 들기(ageing in place)'가 정책화된 것이다. 이는 "정책 대안으로 중요한 것은 돌봄 대상에서 돌봄자 중심으로 패러다임을 전환, 그리고 돌봄의 탈가족화와 재가족화 결과를 가져오는 정책에 주의를 기울여야 한다"(장숙랑·백경흔, 2019)는 측면이 충분이 검토되고 있지는 못하다.* 또한 지역공동체 형성이 이루어지고 있지 못한 조건에서의 성급한 제도 변화가 돌봄 수행에 관한 성 역할 부정의를 재편하는 데 기여하는 것이 아니라, 단지 '살던 곳에서 나이 들기'의 장소가 (요양)시설에서 (내가) 살던 집으로 옮겨지는 것에 그치는 것은 아닌지 의문이 남는다(김은희, 2021b). 그나마 대선 이후 정부가 교체되면서 '한국형 뉴딜' 자체가 실종된 상태다.

감염병이 불러온 국가의 귀환, 그리고 민주적 공동체

한국에서는 팬데믹 시기에 K-방역에 대한 상찬과 함께 시민들의

---

* 이는 페미니스트 돌봄 연구자들이 '가족인 요양보호사' 제도에 대해 가지는 우려와 비판과도 연결된다. 지금도 온라인에 접속하면 돌봄을 비즈니스 모델로 다루는 시장이 이 제도를 어떻게 접근하고 있는지 쉽게 발견할 수 있다. "부모님 직접 돌보고 부업도 하세요", "직접 모시고 월 94만 원 받으세요 — 가족요양급여 월 94만 원 케어링" 등의 광고는 돌봄 수행의 가치평가와 보상에 관한 현실적 균열을 잘 보여 주고 있다.

국가에 대한 신뢰가 높아졌다는 조사 결과가 보도되기도 했는데, 이 점을 마냥 긍정적으로 해석할 수 있을지는 질문거리다. 오늘날 민주주의는 지배적인 이데올로기로 자리 잡았다고 평가되기도 하지만, 민주주의 위기의 징후는 때때로 여러 곳에서 포착되기도 한다. 팬데믹으로 인해 민주주의가 타격을 받고 있다는 신호들은 어렵지 않게 찾아볼 수 있다. 니나 파워(Power, 2021a)는 사람들이 곧 '정상'으로 돌아오기를 희망하면서 국가의 규제를 감수하고 수용해 온 상황을 지적하면서, 일리치(I. Illich)와 아감벤(G. Agamben)를 불러와서 국가 아닌 공동체와 돌봄에 관한 새로운 상상을 시도한다. '보안이 강화된 시대'에 사람들은 공포로부터 스스로 높은 수준의 제한을 받아들이기도 하지만, 국가는 필요할 때마다 시민의 일부를 '내부의 적'으로 규정하는 권위주의적 면모를 가지고 있기에, 우리가 공유하는 삶, 즉 죽음, 고통, 건강, 사랑과 같은 개념이 정치로부터 통제되고 축소되는 것을 방어하고 저항해야 한다고 주장한다. 또한 코로나19 바이러스가 '돌봄의 정치'에 대해 진지하게 생각해 볼 시간을 만들어 주었다고 하면서, 우리의 삶에 대한 책임을 전적으로 국가에 양도하지도 않고 전적으로 개인주의적이고 소외된 온라인 기술 지배적 삶의 방식으로 전락하지도 않는, 공동체적 삶에 대한 희망을 모색하고자 시도한다. 사람들은 (감염병 시대에도) "서로를 두려워하는 것 이상으로 서로를 필요로 하는 존재(We need each other more than we need to fear each other)"이기 때문이다(Power, 2021b).

민주주의는 시민과 국가 간의 관계에만 요청되는 것이 아니라 시민과 시민과의 관계도 중요하다. 박이대승(2021)은 「한국에는 없는 어떤 공동체」라는 기고에서 팬데믹 시기 한국의 위기 극복 방식은 소수 집단에 집중되는 고통과 부담을 공동체의 문제로 연대하지 못했다고 진단하면서, 민주적인 시민의 공동체를 상상하고 이해하려는 작업이 없다면 한국 사회는 앞으로도 "과거의 방식으로 새로운 위기에 대응하게" 될 것이라고 지적한다. 이는 국가를 경유하지 않는 시민과 시민 간의 연대가 한국 사회에 무엇보다 필요한 시민적 윤리라는 의미로, 프레이저(2021)가 말하는 어떤 '막힘 상태'를 돌파하는 데 요청되는 낯선 이들과 함께하는 '공공성'과 사회의 재발명이라는 요청과도 맞닿아 있는 게 아닐까 생각된다.

기후위기 시대에 도래할 정치체제에 관한 논의

기후위기 대응과 민주주의의 미래, 혹은 기후위기 시대에 마주할 수 있는 글로벌 정치체제에 관한 논의도 적지 않다. 수잔 베이커(S. Baker)는 대의민주주의가 지속가능한 생활방식을 발전시킬 수 있는 능력에 의문을 제기하기도 한다. 성장의 한계 상황에서 민주주의는 사회변혁은커녕 현재 상태를 유지하고 지속 불가능한 상태를 그저 관리하는 도구가 될 것이라는 지적이다(Baker, 2012). 마크 비슨

(Beeson, 2010) 같은 이는 환경권위주의 출현의 긍정이랄까, "인류 문명의 발전을 위해서 좋은 권위주의는 정당할 뿐 아니라 필수적"이라고 말하기도 한다. 비슨과는 다른 맥락에서 국가의 역할을 강조하는 입장으로 안드레아스 말름(A. Malm)은 코로나19 비상사태라는 경험의 연장선에서 기후위기를 국가가 중심이 되는 방식의 '비상조치'로 풀어 갈 수밖에 없다고 본다. 일테면 전시공산주의 수준의 동원력을 발휘하는 국가적 조치에 기대를 걸기도 하는데, 물론 이 입장은 '민주적 압력'을 통해 국가가 기후위기 대응 비상 행동에 나서도록 압박하자는 것이긴 하다(말름, 2021).

기후위기 시대에 도래할 글로벌 정치체제를 유형화하여 전망한 연구로는 웨인라이트(J. Wainwright)와 만(G. Mann)의 연구를 참조할 수 있다(Wainwright & Mann, 2012; Mann & Wainwright, 2018). 웨인라이트와 만은 모든 과학기술과 다자간기구의 논의에도 불구하고 주요한 자본주의 국가들은 적절한 수준의 탄소배출 저감을 달성하지 못하고 있는 상황에서 가능한 정치경제적 결과는 무엇인가를 질문하면서, 기후정의를 위한 투쟁의 가능성을 위해서라도 글로벌 정치질서가 어디로 향할 것인가를 전망하는 것이 중요하다고 보았다. 이를 위해 자본주의에 대한 신뢰도와 정치 구조를 두 축으로 삼아 결합한 네 가지 유형을 전망하고, 이것을 각각 리바이어던(Leviathan), 베헤못(Behemoth)[*], 마오(Mao), 엑스(X)로 이름 붙여 고찰하고 있다.^{**}
오래도록 젠더는 '민주주의의 결핍(democratic deficit)'이었고(Norris, 2012), 페미니스트들에게 있어 민주주의는 아직까지 도래한 적이 없는 상상으로, 민주주의를 재구성하고자 하는 시도를 모색해 왔다. 한국의 경우 권위주의적 발전주의 국가를 경험하면서 이제 지표상으로는 이미 완전한 민주주의 국가가 되었음에도, 절차적 민주주의에 근거한 선거를 통해 기득권 정치권력이 재생산되는 지체된 민주주의의 양상을 털어내지 못하고 있다. 김은희(2021c)는 과연 '기후 리바이어던'이 우리 사회에서 여성들에게도 기후위기 시대의 정치체제로서 실용적 대안일 수 있는가를 질문하기도 한다. 만과 웨인라이트가 유형화한 모델은 글로벌 정치체제에 관한 것이지만, 이를 일국적으로 적용해 본다면, 한국의 경우 '국가의 귀환'이라 할 수 있는 팬데믹 시기의 정책 대응에 비추어 볼 때 표피적으로는 기후 리바이어던의 유형을 갖추더라도 자본주의에 기반한 가부장적 환경권위주의로 작동할 가능성에 대한 우려가 있다.

---

* '베헤못'은 성서 욥기에 나오는 괴물의 이름에서 가져온 것으로, 리바이어던과 반대로 중심적 권력이 해체된 상태를 빗댄 것이다.

** Wainwright & Mann(2012); Mann & Wainwright(2018) 웨인라이트와 만의 책이 최근 번역되어 나와 본문에서는 축약했다. 보다 자세한 내용은 번역서를 참조할 수 있다.

정치 윤리로서 돌봄과 돌봄 민주주의

지금까지 '노동할 수 있는 몸'이란 곧 근대적 시민권의 징표처럼 간주되었다. '돌봄'은 뒤늦게 '노동'의 지위를 부여받았지만, 오래도록 노동의 자리에 초대받지 못했던 활동이기도 하고 여전히 사회적 재생산에 필수적인 노동으로서 충분히 존중받고 있지 못하다. 돌봄은 그 특성상 노동의 자리로 위치 이동하는 것만으론 그 의미를 포괄하지 못한다. 단지 임금체계와 노동으로만 환원될 수 없기도 하거니와, 임금체계에 편입되는 순간 가부장체제와 자본주의의 고리는 느슨해질지언정 모든 인간 활동을 시장적 교환가치로 셈하는 자본주의와 근대적 노동 중심성은 더욱 공고해진다. 트론토(J. Toronto)는 돌봄을 민주적 공동체를 위한 덕목이자 시민적 의무로 강조하고, 민주주의 결핍(democracy deficit)과 돌봄 결핍(care deficit)의 상관성을 언급하고 있다. 민주주의 위기는 돌봄으로 해결될 수 있으며, 돌봄 위기도 민주주의로 해결될 수 있다고 주장한다. '함께 돌봄(caring with)'은 정치적 관심사라는 것이다(트론토, 2014). 국내에 트론토의 논의를 소개하는데 기여하고 있는 대표적 연구자인 김희강은 새로운 복지 국가의 어떤 모습으로서 '돌봄 윤리(care ethics)'를 규범 원리로 하는 '돌봄 국가(caring state)'를 제안하고, 돌봄을 배제하는 사회경제적 위계질서에 저항하는 돌봄 민주주의로의 재편을 구상하면서 민주화의 정치적 동력이 되는 주체로서 시민을 노동자에서 돌봄인으로 재규

김은희

정한다.[*]

이 글은 시론적으로나마 이상적 모델로 지향하지만 그 구체적인 모습은 아직 알 수 없는 비어 있는 '기후 엑스'의 정치 윤리로 돌봄 민주주의를 위치시키고자 하는 시도로, '국가'만이 아니라 시민들의 정치적 책무로서 실천적 운동의 병행을 제안하고자 한다.[**] 돌봄 민주주의에서 말하는 돌봄인은 권리만이 아니라 책임이 강조되는 관계적이고 상호적인 존재이다. 하지만 현실에서 돌봄을 논의한다는 것에는 어려움이 따른다. 돌봄을 외부화하지 않고 스스로 몸으로 익히는 것이 중요하며,[***] 자신은 돌봄의 굴레에서 벗어나고자 하는 욕망, 혹은 구질구질한 삶으로서 돌봄이 가지는 성격을 가려 두고서는 돌봄의 재개념화를 시도하기란 불가능하다. 실상 한국은 정책 차원에서는 프레이저가 후기산업시대 복지국가에 대한 페미니스트 비전으로 제시한 '동등한 돌봄 제공자(caregiver parity) 모델'이나 트론토가

---

[*] 이에 관한 김희강의 논의들(2016; 2020 등)은 최근 『돌봄민주국가 — 돌봄민국을 향하여』(2022)로 정리되어 나와서 이를 참조할 수 있다.

[**] 사족을 덧붙이자면, 기후위기 대응에 있어서도 '피해자로서 여성'보다 대안을 찾아가고자 하는 주체로서 접근하는 것이 중요한 만큼이나, 돌봄을 강조하는 논의에 있어서도 돌봄을 희생과 헌신, 순결하고 자명한 어떤 바람직한 가치의 집합처럼 낭만화하지 않아야 한다.

[***] 네델스키와 말레슨(J. Nedelsky & T. Malleson)은 돌봄에 무지하고 돌봄 역량이 부재한 채로는 적절한 정책 대안을 설계할 수 없고, 따라서 정책 결정자들도 의무적으로 무급 돌봄을 해야 한다고 강조한다. 모든 사람이 시간제 무급 돌봄과 시간제 유급 노동에 참여하는 '모두를 위한 파트타임'을 주장하고, 이를 지구 돌봄 논의로 확장한다(Nedelsky & Malleson, 2023).

사회민주주의 너머의 대안으로서 제시하고 있는 돌봄 민주주의의 제도화로서 '함께 돌봄(caring with)'이 이미 '용어'로는 채택되고 있다고 할 수 있다. 하지만 이는 말을 빌려 온 것이지 그 실질적 내용이 구현되고 있지는 못하다.

돌봄 민주주의를 채우는 페미니스트 '탈성장'이라는 상상력

마지막으로 살펴보고자 하는 부분은 '탈성장(degrowth)' 또는 '포스트성장(post-growth)'에 관한 논의다. 나오미 클라인(2016)은 '자본주의 대 기후'라는 문제의 핵심을 자본주의가 파괴적인 동학을 지속해 나가든지, 아니면 기후 즉 인간과 자연의 서식 환경이 살아남든지, 둘 중 하나만 가능하다고 단도직입적으로 말한다. 거슬러 올라가면 자본주의와 '성장 패러다임(growth paradigm)'이 처음부터 하나로 묶여 있었던 것도 아니고,* 경제성장과 건강, 행복이 반드시 비례하는 것은 아님에도 '성장'은 어떤 신화로 자리 잡았다. 다양한 입장을 가진 페미니스트들 중에는 성장 패러다임을 전제로 하는 경우가 적지 않고, 다수를 차지하고 있다고 보는 것이 솔직한 판단일 것이다.

---

* 언제부터 무한한 성장이 당연한 것으로 여겨지게 되었는가에 관해서는 역사학자 슈멜처(M. Schmelzer)가 잘 설명하고 있다(Schmelzer, 2015: 262-271).

김은희

특히 국가와의 관련성 속에서 정책적 접근을 시도하는 경우 'WID-GAD-Gender mainstreaming'으로 요약되는 발전 담론이 기본적인 전제이기도 하다. 신자유주의 시대에 등장한 페미니즘은 해방의 욕구를 더 많은 물건을 사고 싶은 욕구와 호환하기도 한다. 이런 관점에서는 페미니즘이 경제 권력의 지배 구조를 뒤흔들거나 더 친환경적이고 공정한 사고방식을 촉구하는 데 기여하기 어렵다(Power, 2009). 사회민주주의 복지국가 역시 성장이라는 관점을 배제하고 있지는 못하기에, 기후위기 시대의 돌봄 민주주의가 상호의존적인 돌봄 책임과 필요에 기반한 삶의 추구로 작동되기 위해서는 '의지적으로' 탈성장을 말할 필요가 있다.

에코페미니스트들은 자본주의에 대항하면서 아래로부터의 관점, 즉 필요에서부터 세계를 바라보는 자급(subsistance)* 관점을 제안해 왔는데, 이는 '충분함(Sufficiency)'을 팽창하는 현대성에 대한 해독제이자 인류세 시대의 저항 전략으로 제안하는 논의(Sachs, 2023)와도 연결된다. 바우하르트(2019)는 에코페미니스트 관점에서 영감을 받아 페미니스트 정치경제학(FPE) 연구를 수행하면서 생태학적, 경제적, 페미니스트적 관심사를 통합하는 사고방식이자 실천으로서 페

---

* 국내 에코페미니즘 논의에서는 'subsistance'를 주로 '자급'으로 옮기고 있는데, 라투르의 논의를 번역한 글에서는 이것을 '존속'으로 옮기면서 "저 자신을 제 생 속에 유지시킬 수 있어야 한다는 아주 단순한 의미"로 설명하기도 한다.

미니스트 정치생태학에 주목하고, 이것이 자본주의에 대한 강력한 페미니스트 비판을 위한 유망한 미래라고 제안하고 있다. 여기에서 강조하는 것은 고전 경제 이론이 말하는 노동력 재생산과는 달리 다음 세대를 보호하는 '생성적 재생산(generative reproduction)' 개념으로, 한 사회가 어떻게 그들의 생계를 보장하느냐에 대한 질문에서 출발하면서 사람들의 돌봄에 대한 요구를 중심에 둔다. 조금은 다른 결에서 페미니스트 철학자 케이트 소퍼(Soper, 2021)는 성장 이후의 삶과 대안적 쾌락을 제안하기도 하는데, 대안적 쾌락이란 물질적 풍요에 내포된 부정적 요소들과 그것들이 부정하거나 없애 버리는 즐거움을 숙고하는 관점으로, 반소비주의적 윤리와 정치는 이타적인 연민과 환경에 대한 관심에만 호소할 것이 아니라 다른 방식의 삶과 소비를 통한 대안적 쾌락에도 호소해야 한다는 주장이다. 또한 소퍼는 탈성장 담론이 새로운 사회에 대한 비전이 되기 위해서는 페미니즘과 만나지 않을 수 없다고 강조하고, 돌봄을 페미니스트 탈성장론과 탈식민 생태 전환을 연결하는 고리로 삼는다. 돌봄이란 단지 특정한 형태의 서비스를 상품의 형태로 공급하거나 공공서비스로 지원한다고 해서 충족될 수 있는 사회적 공백이 아니며, 성장 너머의 삶에서 추구하는 대안적 쾌락에서 중요하게 등장하는 것이 바로 '돌봄이 가능한 시간', '돌봄이 가능한 관계 맺음'일 수 있다고 보았다.

행성 한계를 고려하면 생산 총량의 감축은 불가피하다. 이와 맞물려 대안으로서 재부상하고 있는 탈성장 담론에는 페미니스트 분석

김은희

과 접근이 필수적이다. 모든 탈성장론이 페미니스트 관점과 친연성이 있는 것은 아니고, 성장 이데올로기에서 탈주하는 사회 전환의 과정에서 남성과 남성성이 어떤 역할을 할 수 있을지는 쉽지 않은 질문이다(Khanna, 2022). 자본주의적 근대성의 확장적-개인주의적 성장 주체성의 전형으로서 성장과 지배의 논리에 뿌리를 둔 기존의 헤게모니적 남성성을 어떻게 극복할 수 있는가, 그리고 탈성장 전환을 방해하지 않고 유익한 역할을 할 수 있는 대안적 남성성은 어떠해야 하는가에 관한 고민이 확장되어야 한다(Dennis & Schmelzera, 2023). 페미니스트들은 탈성장 논의를 젠더 관계 및 가부장적 지배의 문제와 철저하게 연관시킬 것을 주장하고(Dengler & Strunk, 2018; Barca, 2020 등), 비가시화되고 평가절하된 돌봄이 사회를 지탱하는 기초가 되어 왔음을 밝히면서 관계적 돌봄을 중심에 둔 전환을 강조한다. 지금의 위기가 프레이저가 말하는 것처럼 일반 위기가 아니라 각 부문의 위기가 심화된 총체적 위기인지, 아니면 라투르의 말처럼 위기가 아니라 하나의 '변동(mutation)'인지는 모르겠지만, 인간들은 물론 비인간 주체들과 더불어 폐허에서 공생할 수 있는 사회체제가 모색되어야 한다는 것은 시급한 과제임에 틀림없다. 당장 탄소중립을 위해서는 경제성장과 탄소배출의 탈동조화도 필요하겠지만, 우리가 시도해야 하는 더 중요한 '디커플링(decoupling)'은 경제성장과 더 나은 세상을 지향하는 진보의 모순적 결합을 깨뜨리는 것이다.

복잡하게 얽혀 연결된 상황 탓일까, 현실과 제도, 정치와 경제, 그리고 담론과 실천을 오가는 난삽한 글이 되었다. 결국, 사람이 달라지고 사회도 달라져야 한다. 기후위기 시대의 페미니스트는 성장과 기술에 대한 막연한 낙관에 일상을 저당 잡히지 않고, 급진적 돌봄인으로서 구체적 장소성에 발 딛고 성평등한 미래를 지금 살아가는 이들이다.

김은희

로컬 중심의
대안적 세계화 기획

박치완

＊ 이 원고는『인문콘텐츠』제58호에 게재된 논문(2020. 09. 31)으로, 계명대학교 여성학연구
소의 연구총서 기획에 맞추어 형식과 내용의 일부를 수정·보완한 것이다.

Glocalization(세계지역화)은 학계에서 매우 다방(多方)하게 사용되고 있는 키워드로 사회과학과 사회과학의 하위 분야에 이르기까지 많은 연구 분야에서 사용되고 있는 것은 물론이고 심지어는 자연과학 분야를 비롯해 다른 사회의 민간, 공공 및 자원봉사 영역에서도 사용되고 있다. ― R. Giulianotti, R. Robertson, 2012: 448.

세계화의 베일에 가려진 지역, 세계지역화

글로벌라이제이션(세계화)에 대해 여전히 많은 사람들이 미련을 떨쳐내지 못하고 있는 이유가 대체 뭘까? 세계화는 이미 사어(死語)에 불과한 것 아니냐고 잘라 말하면 현실을 간과한 다소 과장된 비판이라고 대꾸할 사람이 분명 있을 것이다. 하지만 제사(題詞)에서도 확인할 수 있듯, 'globalizaion(세계화)'을 대체한 'glocalization(세계지역화)'이 등장해 이미 인문·사회과학 분야를 비롯해 자연과학, 전자통신, 미디어 분야에 이르기까지 하나의 공고한 '이론'으로 자리 잡아 국제적으로 널리 통용되고 있다(R. Giulianotti, R. Robertson, R. 2007; B. Axford, 2013). 심지어는 '세계지역적 전환(the glocal turn)', '디지털 세계지역화'라는 개념까지 등장해 있다는 점을 감안한다면, 이제 우리는 '세계화'라는 이데올로기를 과감히 폐기할 때가 되지 않았나 싶다.

여전히 'globalization'에 파묻혀 게으름을 피우고 있는 학자가 있다면, 그는 분명 'glocalization' 개념이 왜 등장했는지, 즉 'globalization'에서 b가 왜 'glocalization'에서 c로 바뀌었는지, 이것을 그저 단순한 알파벳의 교체 수준으로 이해하는 것인지 묻지 않을 수 없다. 변화된 현실과 동떨어진 과거의 이론과 패러다임은 우리가 버리지 않아도 자동적으로 사라지기 마련이다.

본 연구에서 우리는 'glocalization'에서의 c를 'globalization'에서의 b의 오타 정도로 여기며 여전히 'globalization'의 환상에 젖어 있는 학자들 또는 대중을 상대로 감히 경고할까 한다. "지구촌을 하나의 특권화된 이데올로기로 동여매려는, 글로벌 현상의 경험을 미끼로 지구촌 전체를 '국적 미상의 문화'로 동질화·단일화하려는 경제·기술적 '백색(白色)의 꿈'에서 이제 깨어나라고!"

백색은 누구나 알고 있듯, '순수'의 상징이다. 즉 인간에 의해 오염

박치완

되지 않은 '절대 처녀지'에 비유되는 색이 백색이다. 같은 맥락에서, 백색은 '순결'과 '평화'를 의미하기도 한다. 그뿐만 아니라 백색은 다른 색들과 섞여야 마침내 자신을 간신히 드러낼 수 있는 토대 색이기도 하다. 이런 의미에서 백색은 색의 원형이라 할 수 있다. 백색을 다른 색들처럼 '단일의 색', '독립된 색'으로 분류하지 않은 것도 이 때문이다. 백색은 이런 점에서 타자를 배려하는 '이타성'의 상징이라고 감히 정의할 수 있지 않을까?

그런데 이 백색은 서구의 기독교 문화와 결합되면서 '성스러움'의 상징으로 전격 전화(轉化)되기에 이른다. 다시 말해 서구인들은 바로 자신들을 백색(race blanche)이라 비유하고 여타의 색에 흠, 오점, 결핍, 불결이라는 정치적 이데올로기를 들씌워 지배·탄압했던 것이 근현대사의 단면이기도 하다. 아마 검은색이 대표적인 희생양일 것이다. 노랗고 붉은 색도 예외가 아니다. 이들 색은 결국 흰색을 피부색으로 가진 자들, 스스로를 선민(選民)이라고 칭하는 자들에 의해 진보와 문명의 허울 아래 계몽의 대상이 되어야만 했다.

18~19세기의 식민주의, 제국주의가 이렇게 '피부색의 전쟁'을 통해 닻을 올렸다(I. Wallerstein, 1974)는 것은 주지의 사실이다. 백색은, R. 스트라솔도의 표현에 따르면, "유럽의 식민 지배 이데올로기와 기독교 신학이 결합된 보편적 제국의 건설"을 표상한다고 해도 과언이 아니다(R. Strassoldo, 2015: 44). 그리고 현금(現今)의 '세계화'는 바로 이러한 유럽의 '근대적 백색의 신화'가 20세기 후반에 등장한 신자유

주의와 결합해서 신식민주의와 신제국주의를 연출해 보고픈 '서구적 꿈'이라 할 수 있다.

문제는 오늘날 비서구 로컬들에서까지 이 서구적 백색의 꿈을 꾸고 있다는 점이다. 남의 꿈을 마치 자기 꿈처럼 여기는 격이다. 서구가 지구촌이 '백색-하나'라고 주장하면서 그 시스템(world system) 속으로 서둘러 입문(入門)하라고 꾀는데, 비서구권에서는 우리(지역)의 상황이 여의치 못해 그런 제국의 부활 이데올로기에 동의할 수 없다며 나서서 반기를 드는 국가가 없다. 무소불위(無所不爲)의 힘을 행사하며 지역의 속살과 경계를 백색의 신화로 물들여 가고 있는 것이 세계화인 것이다.

그렇게 지구촌 시민들은 H. 마르쿠제의 표현을 빌리면, '1차원적 인간'으로 길들여져 가고 있다(H. Marcuse, 1968). 특히 '저개발 의식'에 젖어 있는 국가들의 경우는 세계화로부터 독립할 의지도 없으며 진지하게 이를 극복할 방법을 모색하지도 않는다. 세계지역화라는, 세계화보다 약성(藥性)이 더 강한 신약(新藥)까지 투여받았으니, 약소국가들의 지리적 경계가 무너지는 것은 불 보듯 빤하며, 서구적 백색의 꿈은 이렇게 지구촌 전체에, 마치 COVID-19처럼, '창궐'해 있다.

본 연구에서 필자가 지구촌이 백색으로 단일화되는 것을 막기 위해 지역, 즉 로컬(locals)이 중심이 된 세계화 전략(Plan of GLocalization = PGL)을 구상하게 된 배경이 여기에 있다. PGL을 달성하기 위해

박치완

서는 우선 '세계화', '세계지역화'에 대한 그간의 논의를 종합적으로 점검·재평가하는 작업이 선행되어야 한다. 세계지역화로 포장만을 바꾼 '강화된 세계화'는 필자가 구상하고 있는 PGL과는 정확히 역행한다. 세계지역화는 지역이 중심이 아니고 세계화에서와 마찬가지로 여전히 '세계', 즉 강대국이 그 중심을 전유(專有)하고 있다. 많은 사람들이 **'세계 → 지역화'**를 **'세계화 ← 지역'**와 혼동하고 있는데, 세계지역화는 '강화된 세계화'일 뿐이라는 점을 정확히 인식할 필요가 있다.

세계화는 더 이상 질주할 수 없는 '병난 말'과 같다. 더 직설적으로 표현하면, 더 이상 질주하게 해서는 '위험한 말'에 가깝다. 그 수를 헤아릴 수 없을 정도로 세계화에 대한 비판서들은 즐비하다. 그런데도 세계화에 대한 미련을 떨쳐 버리지 못한 주장들도 속출하고 있다. 대체 세계화가 '표준적 의견'이라도 되는 것일까? 세계화, 세계지역화에 의해 탈영토화된 지역들의 현실이 연구자들의 눈에 들어오지 않는단 말인가? 그간 필자는 여러 논문에서 'glocalization'의 한글 번역을 **'지역+세계화'**로 형태소(의미소)의 순서를 바꾸어 가면서까지 그 본의를 살리려 애써 보았다(박치완, 2012; 2015; 2017; 2020). 그런데 조어(global+local=glocal) 상의 문제 때문인지 여전히 'glocalization'을 'global'에 방점이 있는 '세계'를 앞세워 '세계지역화' 또는 '지구지역화'로 번역하는가 하면, 심지어는 '지역(지방)의 세계화'를 논하는 과정에서도 '세계지방화'로 번역하기도 한다(임현진, 2011). 그러다 보니 실제 'glocalization'의 의미를 제대로 밝히는 글을 찾아보기 쉽지 않다. 한마디로, '지역세계화'를 'globalization + localization = glocalization'과 같이 단순 덧셈으로 생각하는 학자들이 많다는 뜻이다. 하지만 본 연구에서 개진해 보려는 PGL은 'globalization'과 'localization'의 단순한 덧셈이 아니다. PGL은 'local'이 'globalization'의 개입과 영향력을 극복하고 'locals' 중심이 된 새로운 세계화, 즉 대안적 세계화 구상이라는 점에 특징이 있다. 그렇게 각 지역의 문화들이 한데 어울려 진정으로 심포니가 가능한 '미래의 세계'를 준비해 보자는 것이 PGL 구상이며, 이를 위해 제2장에서는 세계지역화로 무장한 세계화(globalization as glocalization)를 R. 로버트슨을 중심으로 살펴보고, 제3장에서는 세계화로서의 세계지역화(glocalization as globalization)를 G. 리처를 중심으로 살펴볼 계획이다. 그리고 제4장 결론에서는 PGL의 최종 목표인 '로컬이 중심이 된 세계화(Localobalization)에 대한 필자의 아이디어를 제안해 볼 계획이다.*

---

* 본고를 구상함에 있어 V. 루도메토프의 다음 논문이 큰 도움이 되었음을 밝힌다. V. Roudometof, "Theorizing glocalization: Three interpretations", *European Journal of Social Theory*, Vol. 19, Iss. 3, 2015, pp. 1-18.

박치완

로랜드 로버트슨의 세계지역화로 무장한 강화된 세계화

세계지역화를 이론적으로 널리 유행시킨 학자는 피츠버그대학의 사회학자 로랜드 로버트슨(1938~)이다. 그에 의해 세계지역화는 현재 하나의 연구 관점이나 방법론 수준에 그치지 않고 이미 하나의 이론('Glocalization Theory')으로까지 자리 잡은 상태다. 물론 그의 초기 이론은 『세계화: 사회이론과 글로벌 문화』에서도 확인할 수 있듯(R. Robertson, 1992), 일반적으로 경제학적으로 접근해 왔던 '세계화'를 사회학적으로 확장시켰다는 데서 의의를 찾을 수 있다. 하지만 시간이 흐르면서 그는 '세계화'란 개념이 불투명한 개념(Global Uncertainty)임에도 불구하고 지구촌의 많은 시민, 국가들을 암암리에 압박한다는 사실을 발견하고서, 세계화의 '국면들'을 사회학적으로 심층 분석하기 위해 세계화에 대한 일종의 '수정된 시각'을 제시(J. A. Scholte, 2005: 1-2)하기에 이른다.

로버트슨이 이렇게 세계화(globalization)에서 세계지역화(glocalization)로 연구 초점을 이동하게 된 배경은 결과적으로 그의 세계 인식이 '글로벌-추상'에서 '지역-구체'로 이동했다는 것을 함의하며, 그 과정에서 그의 이론도 더 많은 동료로부터 관심을 얻게 된다(B. Kumaravadivelu, 2008: 45). 로버트슨이 2014년 『글로벌 상황에서 유럽적 세계지역화의 의미』라는 책을 기획·출간하게 된 배경도 이러한 그의 이론이 강단에서 한 발 나와 대중성을 확보하는 단적인 예라 할 수 있다. 이 책에 함께 참여한 연구자들은 유럽의 이주 문제, 미디어, 기독교, 민주주의 등을 세계지역화의 관점에 준해 분석하면서 세계 무대에서 유럽이 차지하는 로컬로서의 위상을 새롭게 자리매김하고 있다. 그리고 서문과 후기를 직접 쓴 로버트슨은 '유럽화(europeanization)'가 곧 '세계지역화'의 대표적 예라고 해석한다(cf. R. Robertson, 1994; 1997; 2007; 2012). 여기서 우리는 세계화의 발신지이기도 했던 유럽이 스스로 지역화되는 길을 택하는 웃지 못할 일이 일어나고 있다는 점에 주목할 필요가 있다(박치완, 2020).

이렇듯 로버트슨이 "세계화가 세계지역화로 대체되어야 한다"며 그의 연구 시각을 수정한 결과로 야기된 파장은 컸으며, 많은 연구자들에게 세계화는 구체적 지역 상황과 접목되어야만 한다는 점을 인식시켰다. 로버트슨에 따르면, 세계화론의 가장 큰 문제점은 [순악(順惡)의] 영향을 미치는 지역들을 구체적으로 고려하지 않고 있다는 점이다. 해서 그는 세계지역화론을 보다 체계적으로 연구할 필요가 있다고 제안하면서 세계와 지역, 동질화와 이질화의 '공존' 또는 '상호연결성'을 자신의 이론 및 분석틀로 정식화기에 이른다. 그리고 "세계화가 세계지역화로 대체되어야 한다"는 그의 주장이 갖는 두 번째 의미는 세계지역화가 역사적으로 20세기 후반 신자유주의적 경제 세계화로 인해 부상한 것이 아니라 19세기 민족국가의 부상, 시간의 표준화 등에서 보듯 일종의 '근대성'을 대표하는 개념이라는 나름의 해석을 제시했다는 데서 찾을 수 있다. 결국 근대성 개

박치완

넘이 성립하면서부터 세계와 지역은 시공간적으로 세계지역화 과정에 돌입했다는 것이 그의 일반화된 견해다(R. Robertson, 1995).

그런데 이와 같은 로버트슨의 세계지역화에 대한 거시적이고 통시적인 접근은 오히려 지역과 세계의 경계를 흐리게 한다는 비판에 직면한다. 세계지역화가 아니라 세계화를 위한 지역화(localization for globalization)를 옹호한다는 비판이 대표적이다. 구체적으로는, 제3세계권에서 이와 같은 비판이 제기되었는데, 요인즉 제1세계국가 주도의 세계화에 대한 제3세계권에서의 반작용을 로버트슨의 세계지역화론으로는 설명해 내지 못한다는 것이다. 제3세계권의 입장에서 볼 때 그의 세계지역화론은 '강화된 세계화론', 즉 신식민주의론의 일종에 해당할 뿐이라는 것이다(S. Krishna, 2009).

로버트슨의 세계지역화론은 제1세계국가의 학자들 내에서는 나름 호평을 받는 이론임이 분명하다. 하지만 그 역시도 다른 제1세계국가의 학자들과 마찬가지로 제3세계권에서의 세계화의 폐해가 어느 정도인지까지를 심찰(審察)하는 따스한 시선, 가슴을 가지진 못한 것이다. 그 때문에 우리는 세계지역화의 약(藥)과 독(毒)을 동시에 읽어 내는 지혜가 필요하다. 지역과 세계, 특수와 보편, 동질화와 이질화의 '상호작용'을 연구하겠노라는 세계지역화의 이론적 설계가 약(藥)이라면, 독(毒)은 결국 로버트슨이 기율야노티와 공저한 다른 논문에서도 명시적으로 밝히고 있듯, 세계지역화를 "세계화에 대한 사회적 이해를 증진시킬 잠재력"이라고 반복적으로 강조하고 있다는 점이다. 이는 곧 로버트슨이 세계지역화를 세계화의 전(前) 단계로 여기고 있다는 뜻이다. 말을 바꾸면, 세계화는 세계지역화 과정(globalization as glocalization)을 필수적으로 거쳐야만 한다는 것이 로버트슨의 기본적 입장이다.

거듭 강조하지만, 로버트슨에게 세계지역화는 결국 세계화에 의해 수렴(포섭)되어야 할 과정에 불과하다. 그렇게 세계화는 단계적으로 그 영향력과 지배력을 공고히 해 갈 것이며, 정확히 이와 같은 입장을 견지하고 있기에 로버트슨은 주저함 없이 세계지역화를 다음과 같이 4범주(또는 과정)로 구분해서 설명한다([그림 1] 참조).

이는 세계지역화가 복합문화적(문화혼종적)인 지역에서 어떤 단계를 거쳐 세계화로 안착해 가는지를 보여 주고 있는 인식 체계이자 과정이다. 로버트슨이 '(문화적) 상대화'에 어떤 의미를 부여하고 있는지를 다음에서 살펴보면 그가 목표로 하고 있는 세계지역화, 돌려 말해 세계화의 논리가 무엇인지가 보다 분명해지리라.

[문화적] 상대화는 [자신이 가지고 있는] 과거의 문화적 부담을 사회적 행위자들이 의식적으로 보호하는 것을 의미한다. 새로운 환경에서도 [이렇듯] 그들의 원형적인 문화적 형식에 대한 충순(忠順) 및 의미는 유지된다. 이는 [이국·이문화 출신의] 동료 시민권자들이 아주 밀집된 곳[공연장이나 축구장 같은], 문화적 역사가 조화로운[역사적으로 서로 크게 갈등이 없었던] 공공장소에서 발견된다. 집단 문화적 기억, 상

박치완

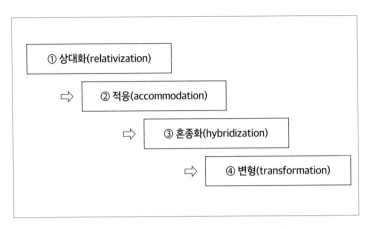

[그림 1] 로버트슨의 세계지역화 4범주(또는 과정)

징 및 관습은 유지되는 반면, 일부 형태의 내적 차별화는 그럼에도 불구하고 받아들인다는 것이 특징이라 하겠다. [무엇보다도] 유쾌한 집단적 사회성이 우선적으로 수용되는데, 사회적 행위자들은 그들 자신이 탈영토화된 공동체나 가족 안에 존재한다고 상상하면서도, 이렇게 대중적인 국가적 동일시는 유지한다. (R. Giulianotti, R. Robertson, 2007: 139)

이 인용문은 스코틀랜드 출신의 이주민들이 북미에서 시민권을 소유하고 살아가면서 프로축구 팬으로서 어떻게 현지 문화에 적응하는지를 분석한 글이다. 그런데 로버트슨은 이 글에서 국적에 하이

픈이 찍힌 것(즉 Scot-Americans와 같이)이 뭐 그리 중요하냐는 식의 언급을 한다. 한마디로 하이픈 앞쪽의 과거(개인의 문화적 기억)를 버려야만 '글로벌 의식'을 가진 지구촌 시민으로 재탄생할 수 있다는 식이다. 물론 또 그래야만 그가 설계해 놓은 4단계에 부합하게 세계지역화가 순차적으로 진행될 수 있다. 그리고 타문화권에서 새롭게 삶의 둥지를 튼 이주민들은 특히 그들이 새롭게 정착한 곳의 문화에 일반적으로 잘 적응해 간다는 것이 그의 추론이기도 하다. ①→④로의 진행 과정에서 당사자들이 큰 갈등 없이 새로운 삶의 터전, 즉 이주해온 국가에 무리 없이 적응해 간다는 것이 로버트슨의 결론이다.

하지만 여기서 우리가 놓쳐서는 안 되는 것이 있다. 로버트슨도 언급하고 있듯, "북미에서 시민권을 획득해 살아가는 프로축구 서포터들(Scot-Americans)은 [프로축구 경기를 관람한 경우를 제외하고는] 스코틀랜드에 본래 거주하는 팬들과는 다른 문화적·정치적 입장을 취한다"((R. Giulianotti, R. Robertson, 2007: 147)는 점이다. 이는 "서포터들이 새롭게 정착한 곳의 문화를 스스로 내면화"시켰음에도 불구하고 이들에게서 문화적 원형, 문화적 코드까지 사라진 것은 아니라는 뜻이다. 물론 로버트슨이 분석 대상으로 선정한 사례들(인용문에서 예로든 프로축구 팬뿐만 아니라 음악이나 종교, 요리나 패션 등)은 그런대로 자신의 세계지역화론을 설명하기에 우호적인 예들이다. 따라서 그의 분석이 '과학적 이론'으로 받아들여질 것이라고 호언(豪言)하며, 북미의 스코트랜드인이 그랬듯, 영국의 아시아인, 스페인의

박치완

영국인, 독일의 터키인의 경우도 마찬가지일 것이라고 단정하는 것은 섣부르다는 것이다.

필자가 여러 편의 글에서도 지적한 바 있듯, 이러한 로버트슨의 주장은 제1세계권의 학자들이 세계화를 설명하고 주장할 때 일반적으로 취하는 태도이다. 이들 제1세계권 학자들의 연구 관점은 늘 서구(the host society)의 중심 가치에 초점이 맞추어져 있고, 이러한 중심 사회의 가치와 제도를 주변인 집단(이주민집단)에서 내면화시켜야 한다고 강변한다. 로버트슨에 따르면 이것이 바로 지구촌 시민들이 '글로벌 의식'을 갖기 위한 전제 조건이다(R. Robertson, 1991; 1992). 로버트슨에게 '글로벌 의식'은, 1991년의 글에서도, 2015년의 글에서도 반복·강조되고 있듯, 우리 모두가 "이 지구(this planet)에 속해 있고, 그곳에서 거주하며 존재한다는 자각"(R. Robertson, 2015: 2)에 기초한다. 그러나 이는, 앞서 세계지역화의 4단계의 과정에서도 확인했듯, 서구의 가치는 언제나처럼 그대로 우월한 지위를 고수하고, 주변부인 집단의 가치가 이에 적응해서(②) 혼종화되고(③) 변형되어야(④) 한다는 논리로 일관하기 때문에 세계화가 지역화를 통해 오히려 '강화'된 경우라 할 수 있다.

세계화가 세계지역화로 명의(名義)를 달리했다고 해서 지역이 경제적으로 성장하고 문화적으로 보호받는 것이 아니라면 우리는 더더욱 로버트슨의 세계지역화론에 후한 점수를 주어야 할 까닭이 없는 것 아닌가. 제3세계권에서 지속적으로 제기되고 있는 세계화의 폐해는 곧 세계지역화의 폐해와 암수한몸이라는 사실을 직시해야 한다. 같은 논리로 우리는 지역 문화가 세계화되어야만 비로소 세계 문화가 될 수 있다는 로버트슨의 주장도 수용하기 어렵다. 그 이유는 일단 로버트슨 방식의 '세계 문화'는 존재하지 않기 때문이며, 그가 세계지역화론을 위해 전제하고 있는 '세계 문화'는 서론에서 언급한 '백색의 신화 또는 유령'과 다르지 않기 때문이다. 역설적으로 말해, 지역과 세계에 대해 '동시에'의 관점을 견지하는 것이 중요한 이유가 여기에 있다. 이 '동시에'가 제대로 발현될 때 인간은 비로소 '글로컬 존재(GLocal Being)'로, 즉 '호모 글로칼리쿠스'로 거듭날 수 있다(박치완, 2019).

V. 루도메토프가 J. 메이로비치를 인용해 강조한 대로, "우리는 지금 글로컬 경험으로 살아간다. 각자의 글로컬 경험은 다양한 방식으로 진행되지만, [각자에게는 고유하고] 유일한 것이다. (…) 글로벌 의식이 더 강한 사람은 더 많은 글로컬 경험을 하게 될 것이다"(V. Roudometof, 2015: 401 재인용). 그런데 로버트슨은 루도메토프가 강조하고 있는 이와 같은 글로컬 경험을 철저히 간과하고 "글로벌 안에 로컬과 글로컬을 배치시켜" "글로벌화가 곧 보편주의의 특수화와 특수주의의 보편화를 내함(內含)하고" 있다고 판단했다. 그 때문에 로컬은 기본적으로 글로벌 '밖에' 독립적으로 위치하는 것이 아니라 글로벌 '안에' 반강제적으로 포섭된다. 그리고 결과적으로 로컬에 글로벌이 개입하는 것이 정당화된다. 다시 말해, "로컬은 항

박치완

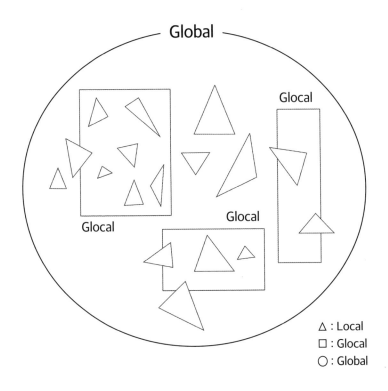

Global

Glocal

Glocal

Glocal

△ : Local
□ : Glocal
○ : Global

[그림 2] 로버트슨의 세계화, 세계지역화 개념도

상 글로벌의 영향을 받으며, 글로벌에 응답하는 부분으로 구성"(V. Roudometof, 2015: 392)되는 데 그치게 된다. 바로 이런 점에서 로버트슨의 세계지역화론은 강화된 세계화가 아니고 무엇이냐는 것이다. 로버트슨의 방식으로 '세계-하나'를 아무리 외쳐대도 각 지역의 삶의 방식, 문화, 가치관은 그가 말한 것처럼 그렇게 단일문화화될 수 없다. 그래서 우리는 이 자리에서 재삼 묻게 된다. 세계화, 세계지역화는 '다름', '다양성'을 담보하고 있으며 배려하고 있는 것이냐고?

조지 리처의 '거대화된 세계화'의 희생양인 세계지역화

로버트슨의 세계지역화론의 가장 큰 이론적 한계는 지역의 자율성 자체가 보호되지 않는다는 데 있다. 지역의 자율성이 존중되지 못하기 때문에 지역과 세계의 '상호 현전(co-presence)'을 그가 제아무리 강조해도 별 의미가 없는 공수표에 불과하다. '공존'이나 '상호 현전'은 세계(global world, planet earth) 밖에 존재하는 지역이 없다는 그의 세계지역화론의 결론을 도출하기 위한 단순한 장치일 뿐이다.

이런 이유 때문에 루도메토프가 로버트슨의 세계지역화론을 세계 중심의 일원론이라고 평가한 것(V. Roudometof, 2015: 392) 아닌가 싶다. 이는 앞서 [그림 2]에서도 확인할 수 있듯, 로버트슨의 세계지역화론에서는 local, glocal 모두 global 안에 포섭된다. 문제는 이렇게 되면 로버트슨의 세계지역화론의 두 기본 전제인 '지역'과 '세계'에서 '지역'은 아무런 본래성도 갖지 못한다. "지역과 세계라는 '관계'" 안에 갇힌 '지역'은 '세계'의 조종을 받을 수밖에 없는 논리다. 바로 이런 이유 때문에 우리는 앞장에서 로버트슨의 세계지역화론을 '강화된 세계화'라고 비판했던 것이다.

로버트슨과 더불어 세계지역화론의 또 다른 기수가 있는데, 매릴랜드파크대학의 사회학과 교수로 재직 중인 조지 리처가 바로 그다. 그는 '맥도날드화에 관한 테제'로 일약 스타덤에 오른 학자다(G. Ritzer, 1998; 2012). 세계화에 대한 비판이 표면적으로는 그의 이론의 핵심인 것처럼 보이지만, 그도 기실은 로버트슨과 마찬가지로 '또 다른 유형의 세계화론'을 제시하고 있을 뿐, 지역 자체의 문제가 무엇인지에 대한 고민 자체를 하지 않은 듯하다.

이미 앞 장에서 살펴보았듯, 로버트슨의 세계지역화론은 세계와 지역, 동질화와 이질화의 공존 및 상호 현전, 상호연결성이 이론의 전제요 골격이다. 그런데 리처는 로버트슨이 제시한 이 양항(兩項) 모두가 글로벌의 동전의 양면일 뿐이라는 비판적 의견을 제시하며 자신의 세계지역화론은 문화적 이질성에 기초한 것임을 명시적으로 밝힌다. 그가 '맥도날드에 관한 테제'를 통해 글로벌자본주의에 대해 부정적 측면을 집중적으로 공략한 것도 이 때문이다. 따라서 그의 세계지역화론은 어디까지나 공룡처럼 '거대화된 세계화(grobalization)'가 타겟이지, 필자의 PGL에서처럼 지역을 중심에 놓고 세계화를 재고한다고 볼 수는 없다.

리처가 '맥도날드화에 관한 테제'를 통해 밝히려는 것인즉, 세계화의 야욕을 채우기 위해 다양한 지역들을 종횡무진하는 경제 강대국들의 제국주의적 야망을 버려야 한다는 것이다. 이 과정, 즉 거대화된 세계화 과정에서 지역은 압도당할 수밖에 없으며, 지역이 무장 해제될수록 맥도날드의 종주국인 미국은 일방적 동질화를 통해 이득을 극대화할 것이며, 리처가 세계화를 grobalization과 무관하지 않다고 본 것도 이 때문이다.

리처의 '거대화된 세계화' 비판은 글로벌 자본주의는 물론이고 식민주의, 신식민주의, 서구화, 미국화, 맥도날드화, 디즈니랜드화 등으로 비판의 화살이 다각화된다. 그의 타겟은 이렇듯 세계화가 지역의 국경을 넘어 활보하면서 문화의 세계화까지 조장한다는 점을 부각시키는 데 있고, 바로 이 점이 로버트슨과 어깨를 나누지 않는 리처 고유의 세계화 비판론이라 할 수 있다. 따라서 리처의 관점에서 볼 때 로버트슨의 세계지역화론은 거대화된 세계화를 목표로 한 예비 과정일 뿐이기 때문에 세계화를 벗어나지 못한다. 우리가 리처의 공적을 찾자면, 그것은 바로 로버트슨의 세계화와 세계지역화는 모두 거대화된 세계화를 지지하는 이론 이상의 의미가 있을 수 없다고 지적한 데 있다.

세계화, 거대화된 세계화에 대한 리처의 보다 생생한 목소리를 듣기 위해 『무(無)의 세계화』에서 관련된 핵심 내용을 소개하면 다음과

박치완

같다(G. Ritzer, 2006: 395-397).

1) 세계화는 하위 과정들(glocalization, grobalization)을 포괄하는 과정
   이다. 세계지역화가 달성되면 이어 거대화된 세계화 과정이 후속
   된다. 그 때문에 세계지역화는 실제 거대화된 세계화로부터 계속
   위협을 받고 있다고 해도 과언이 아니다.
2) 결국 어디에선가 세계화가 진행되고 있다는 것은 곧 이 세계지역
   화와 거대화된 세계화가 동시에 작동되고 있다는 의미이다. 따라
   서 우리가 목격하는 다양한 세계화 현상은 기본적으로 glocal과
   grobal의 혼합물이라 할 수 있다. 이렇게 세계화는 강화되고 거대
   화되는 것을 본질로 한다.
3) 이런 상황에서 지역이 경시되는 것은, 늘 그래 왔듯, 피할 수 없는
   운명과도 같다. 지역은 한마디로 grobal에 의해 선별적으로 처결
   되는 그런 신세로 전락할 수밖에 없다. 그렇게 지역은 grobal에 흡
   수되는 일만 남아 있다. 그리고 이렇게 glocal → grobal의 과정에
   흡수되어 local은 영영 사라지게 된다. 부연하면, local과 global이
   라는 양항(兩項)은 glocal, grobal의 개입으로 인해 결국 local만 사
   라지고 global만 거대화된다.

   리처의 세계지역화론에서는 이렇듯 로버트슨의 세계지역화
론에서처럼 지역과 세계의 공존, 상호연결성은 처음부터 파기된

다. 리처에게 있어 "세계화는 곧 지역이 사라진다는 의미이다."(V. Roudometof, 2015: 396) 로버트슨의 세계지역화론에는 그래도 지역과 세계가 기본적으로 전제돼 있다. 하지만 리처의 비판적 세계화론은 출발은 세계(화)의 영향을 받고 있는 local에 시선이 머물지만 결과적으로는 거대화된 grobal로 종결된다. 로버트슨의 세계지역화가 지역화에 천착해 세계화를 완성해 가는 것(globalization as glocalization)이 목표라면, 리처에게 비판적 세계화론으로서 세계지역화는 세계화의 과정에서 '일시적으로' 등장한 현상(glocalization as globalization)에 불과하며, 거대화된 세계화로의 수순(手順)만이 기다리고 있는 것이다([그림 3] 참조).

여기서 우리는 로버트슨이나 리처 모두 세계지역화를 세계화의 논리 안에 포섭된 것(또는 포섭되어야 할 것)으로 이해하고 있다는 사실을 확인할 수 있다. 하지만 로버트슨의 상상력이 세계화의 논리 안에서 회돌이하는 친(親)자본주의적 이론이라면, 리처의 상상력은 세계화의 지역화와 거대화를 비판적 시각으로 성찰하는 반(反) 자본주의적 이론이라는 점에서는 분명한 차이가 발견된다. 둘 간의 자본주의에 대한 이런 입장의 차이 때문에 로버트슨은 "실현 가능한 세계지역화의 꿈"을 버리지 못한 채 줄곧 세계지역화야말로 "우리 모두를 위한 최상의 희망"이라는 환상을 버리지 못하고 있다(R. Robertson, 2015: 13). 그래서 그는 글로벌 다국적기업들의 횡포에 대해서는 "언급을 회피"한다. 이는 어쩌면 당연한 귀결인지 모른다. 반

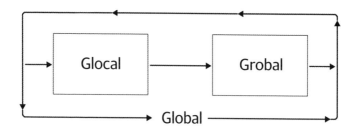

[그림 3] 리처의 거대화된 세계화와 세계지역화 개념도

면 리처는 로버트슨이 이렇게 회피한 것을 정확히 들춰 비판한다. 리처의 언급에서 우리가 주목해야 할 것 중 하나는 로버트슨처럼 세계화를 기정사실로 받아들이면 지역들이 사라진다. 리처의 예측대로 만일 지역들이 세계화 과정에서 사라진다면, 세계는 로버트슨을 포함한 글로벌 행위자들이 낙관하는 것처럼 그렇게 지구라는 행성에 사는 지구촌 시민들의 생각을 '하나'로 모을 수 있을까? 문화, 제도, 종교가 '하나'가 될 수 있을까? 찬란한 지역의 전통문화들은 그렇게 '종말'을 고하게 되어도 좋은 것일까?

세계화에 의해 사라져 가는 지역 문화들을 되살려야 한다는 것은 지고(至高)의 진리와 같다. 이것이 리처가 '맥도날드화에 관한 테제'를 통해 전하려는 메시지라는 데 이견이 없다(J. Roberts, 2005: 56-

63; 김수자·송태현, 2010). 이런 관점에서 보면 리처는 분명 로버트슨과 달리 세계화에 대해 부정적·비판적 입장을 취하고 있는 게 분명하다. 하지만 여전히 아쉬운 것은 그 역시도 지역이 세계화의 늪에서 벗어나기 위해 어떤 부활의 노력을 해야 하는지 고민하지 않고 있다는 점이다. 결국 로버트슨이나 리처나, 서론에서 'glocalization'의 번역과 관련해 언급한 자리에서도 지적했듯, 여전히 'glocalization'에서 **global**에 방점을 두고 있다는 점이다.

루도메토프를 비롯해 많은 학자들이 언급하고 있듯, 오늘날 인류는 분명 민족국가의 경계가 훼손된 시대에 살고 있다. 무엇보다도 "개인의 태도"가 국경을 초월해 일종의 세계지역적으로 또는 지역세계적으로 "구조화된 관계" 안에서 생활하고 있다(V. Roudometof, 2016: 124). 초국가주의(transnationalism)나 세계시민주의(cosmopolitanism)에 대한 고민이 시급한 이유가 여기에 있다. 루도메토프가 강조한 대로 '지역세계적 전환(the glocal turn)'은 누구도, 어떤 국가도 거부할 수 없는 도도한 물줄기다. 따라서 지역세계적 전환이 세계화의 강화가 아닌 지역의 자각을 통해 지역이 세계화의 폐해로부터 자립하는 것이 시급하고, 그렇게 자율성을 갖춘 지역이 더는 국가주의에 갇혀 있지 않고 지리적 경계 밖으로 자신의 문화를 개방시켜 초국가주의적·세계시민적 세계관을 공유하는 데 지혜를 모아야 할 것이다.

주지하듯 지역 문화는 모든 문화적 역량의 집결지이다. 이 기준에서 볼 때 로버트슨이나 리처처럼 글로벌 트렌드 중심의 세계화(또는 세계지역화) 분석이 갖는 한계는 분명하다. 이들의 이론은 지역 자체에 천착하지 않은 탑-다운 관점을 취하고 있기에 지역이 세계화를 공공선의 방향으로 이끄는 조정자 역할(bottom-up)을 할 수 있다는 점 자체에 대한 고려를 못 한 것이다. 지역과 세계의 공존, 상호연결성, 상호작용의 의미가 무엇인지를 새삼 묻지 않을 수 없는 이유가 여기에 있다.

세계화는 지역→세계화, 즉 필자가 제안한 PGL에서처럼 지역 중심의 세계화를 통해 제고되어야 한다. 지역 중심의 세계화는 세계화가 지역세계화에 논리적으로 또는 이념적으로 우선인 로버트슨이나 리처의 의견과는 정반대로 지역→세계화가 세계화보다 우선한다는 것이 특징이다. 세계화는 많은 세계화론자들이 주장하는 것과 정반대의 관점에서 모든 지역들의 최미의 관심사가 아니다. 'X의 세계화'란, 리처의 '맥도날드화에 관한 테제'에서도 드러나듯, X가 지구촌 전체에 영향을 미친다는 말과 같다. 그러나 이게 실제 가능한 일이기나 한 것인가? 심지어는 전파도 굴절된다. 그뿐인가. 40년 전 독일 물리학계에서는 아인슈타인의 일반상대성이론에서 중력이 글로벌과 로컬에서 서로 상반되는 결과 값이 나온다는 비판적 논문까지 출간하고 있다. 다시 말해 아인슈타인은 로컬에 따라 중력이 다르다는 점을 간과한 것이다(H.-J. Treder, 1978: 79-80).

X가 모든 지역들에서 같은 결과값을 얻을 수 있을 것이라는 세계

화론은 따라서 부당한 악지(惡知)와 크게 다르지 않다고 할 수 있다. 루도메토프의 언급대로, 세계화의 물결이 물론 지역에 흘러들 수는 있다. 하지만 동시에 지역에 의해 굴절되기도 한다는 점 또한 부인할 수 없는 사실이다. 부언컨대 세계화는 모든 지역에서 통과-굴절되는 과정에서 서로 차별화된 양상을 보이는 것이 정상적 수용 과정이다. 그리고 이는 미국, 중국 등 글로벌 행위자들의 국가라고 해서 예외가 적용되지 않는다.

> 지역세계화는 세계화가 지역에서 굴절된 것이다. (…) 지역은 세계화
> 에 의해 제압되거나 흡수되거나 파괴되는 것이 아니라 오히려 세계화
> 와 공생적으로 작동하며, 세계화의 최종 목표(telos)나 결과를 윤곽짓
> 는다.(V. Roudometof, 2015: 399)

물론 본 연구에서처럼 세계화의 부정적인 측면을 들춰내 비판하는 것은 글로벌 행위자들의 백색의 세계화 신화 구축에 지장을 초래할 가능성이 크다. 그래서 대개는 세계화의 피해나 폐해를 지적하기보다 "'그럼에도'의 논리"로 세계화의 효과를 낙관하는 경우가 많다. 2장에서 살펴본 로버트슨만 하더라도 세계화가 20세기에 "세계 전체의 의식"(R. Robertson, 1992: 8)을 가속화하는 데 기여했다고 평가한다. 그의 이와 같은 평가에 A. 기든스의 표현을 덧대면, 인류가 "상호의존적 세계 형식과 지구촌 의식"을 갖게 된 것이 곧 세계화의 공

박치완

력(功力)이라는 말이 될 것이다(A. Giddens, 1990: 175). 그런데 이러한 낙관은 "우리가 세계적 차원의 불평등한 사회에 살고 있음에도 불구하고 현금의 세계화가 자유와 평등을 증가시키는 데 기여했다"는 논리를 받아들이라는 억지와 다르지 않다(C. Fuchs, 2010: 216).

로버트슨이나 기든스의 주장은 곧 "집단적 정치 행동을 통해 사회가 변화할 필요도 없고, 변화될 수도 없다"는 논리를 은연중 강요하고 있는 것과 같다(C. Fuchs, 2010: 216). 필자의 PGL의 핵심 내용이기도 한 '지역 중심의 세계화'를 C. 퍼쉬의 의견과 결합시키면 '변화'의 요구가 필수적이란 역설이 될 것이다. '21세기의 제국'은, 퍼쉬의 표현에 따르면, 맥도날드와 디즈니랜드, 할리우드와 코카콜라의 종주국 '미국'을 지칭한다고 해도 무리는 아닐 것이다. 미국은 이미 "군사적 개입의 세계적 권리"를 가진 나라로 정평이 나 있다(C. Fuchs, 2010: 238). 이러한 미국을 WTO, IMF, G7 등이 조력하며 미국의 세계 지배를 묵인한다. D. 하비는 이러한 미국의 막강한 군사·정치·경제적 권리(권력) 행사를 "신자유주의적 제국주의"라 비판하고 있다(D. Harvey, 2005: 184). 미(美)신제국주의는 결국 과거 유럽의 제국주의·식민주의의 세계 지배 이념을 능가한 '경제적 제국주의'에 다름 아니며, 경제적 영향력과 헤게모니 확보를 위해 전쟁도 불사한 나라가 미국이다. 미신제국주의와 유럽의 제국주의는 투자, 무역, 집중화, 초국가화 등을 전략으로 선택하고 있다는 점에서 유사점이 많다. 이러한 미신제국주의의 '백색의 꿈'이 과연 그들의 희망대로 실현될 수 있을까? 제3세계권에서의 저항은 백색의 지배가 강화되거나 거대화된다고 해서 과연 약화될까?

로컬 중심의 세계화, PGL에 대한 구상

세계화에 대한 논의가 시작된 지도 벌써 사반세기가 지났다. 세계지역화 논의도 세계화 논의와 거의 같은 기간 동안 다각적 접근과 비판적 해석이 병행되었다. 그런데 C. 퓌시가 정확히 지목하듯, 많은 연구자들의 공통된 의견이 하나 있다. 그것은 바로 세계화가 글로벌 상호작용의 양, 규모 및 속도, 강도의 증가, 지역 및 국가 간 상호 연결과 상호의존성의 네트워크 형성, 국경과 영토를 초월하는 무수한 경제/비경제적 상황 전개 등과 궤를 같이한다는 평가가 바로 그것이다.

이렇게 세계화의 일반적인 현상에 초점을 두고 세계화의 긍정적 측면만 부각시킨 결과 지역의 문제점, 현안들은 깊이 고민하지 못한 것이다. 이는 결국 세계화 프로세스의 부정적인 결과들이 여전히 수면 아래 가라앉아 있다는 뜻이다. 본 연구에서 우리는 이러한 대로(大路)에서 한발 비켜서서 'GLocalization', 즉 **지역→세계화**의 본의(本義)를 살릴 수 있는 방법에 대해 고민해 보았다. PGL을 대안적 세계화론으로 제안하기 위해 2~3장에서 우리는 세계지역화론의 두 대표

박치완

적 학자라 할 로버트슨과 리처의 이론이 갖는 음양(陰陽)을 살펴보았다. 그리고 이들 이론은 공히 제1세계적 관점에 준한 세계 해석, 즉 지역의 현실과 고통이 반영되지 않은 '반쪽'의 이론에 불과하다는 점을 비판해 보았다.

지역세계화(localobalization)는 "모든 로컬이 당지(當地)에서 생동하는 '지역문화학'"과 결합되어야 세계화 극복의 초석이 될 수 있다. 국내에서도 몇몇 연구자들이 필자와 같은 고민을 하고 있는 것으로 조사되었다(이재하, 1997; 이기상, 2006; 홍순권, 2010; 송준, 2013; 천득염, 2017). 연구 분야도 철학, 기호학, 문화콘텐츠학, 지리학, 민속학 등 다양하며, 로컬에 무게중심을 둔 연구가 시작된 지도 꽤 되었다는 것을 알 수 있다. 하지만 대개가 Global+local=Glocalization이라는 단순 논리에 갇혀 있고, 그 의미도 본 연구에서 로버트슨, 리처를 논하는 자리에서 비판적 관점에서 살펴본 세계지역화(지구지역화, 세방화, 세역화)의 테두리를 벗어나지 못하고 있다. 우리가 간과해서는 안 될 것은 이들의 연구는 모두 방점이 '지역'이 아닌 '세계'에 있다는 점이다.

본 연구가 태동된 결정적 동기와 배경이 바로 여기에 있고, 필자는 PGL을 통해 무엇보다도 '지역이 중심이 된 세계 이해'의 중요성을 독자 제현과 함께 고민해 보고 싶었다. 아래에서 PGL의 대의를 소개하는 것으로 결론을 맺고자 한다.

1. PGL은 세계화, 세계지역화를 극복한 지역세계화가 일차적 목표이다. 미국도 미국이 중심이 된 세계 이해를 하고 있듯, 대한민국도 대한민국이 중심이 된 세계 이해를 해야 한다. 이는 짐바부에도 슬로바키아도 마찬가지다. 여기에는 어느 국가도 예외일 수 없다. 요인즉, 기본적으로 지역이 사고와 행동의 지평이자 배경이며 출발점이란 뜻이다. 따라서 PGL을 실천하기 위해서는 세계의 지역화(global→local)를 지역의 세계화(local→global)로 사고의 전환이 선행되어야 한다.

2. 많은 학자들이 강조하듯, 세계와 지역은 분리되지도 않지만 그렇다고 해서 '하나'라는 것도 문화다양성의 기준에서 보면 어폐(語弊)가 있다. 필자가 제안하는 PGL이 세계화, 세계지역화와 가장 큰 차이는, 지역은 결정을 수용하고 세계는 결정을 내리는 탑다운 시스템이 아니라, 모든 지역이 결정을 내리고 또 모든 지역이 결정을 수용한다는 데 있다. PGL은 지역 당사자들끼리 '상호 결정', '상호 교류'한다.

3. 요인즉, PGL은 세계화, 세계지역화와 같이 local이 global에 흡수·통합되는 것이 아니라, 지역이 중심이 된 새로운 세계화 구상이 기본 전제이며, R. 스트라솔도의 제안대로 No global이 아니라 New global의 건설을 목표로 한다(R. Strassoldo, 2004).

4. PGL에서 목표로 하는 본연적 의미의 지역세계화(local-centered globalization)는 결국 글로벌 강자들에게 더 강력한 권력을 허여

박치완

(許與)할 뿐인 로버트슨, 리처의 이론과는 이미 출발부터 지향점이 다르다. PGL의 목표는 세계화에 의해 탈영토화된 로컬들을 어떻게 다시 일으켜 세워 문화다양성을 확보할 것인지에 있다. 이렇게 로컬들이 되살아나야(즉 재영토화되어야)만 요의 문화다양성이 존중될 수 있고, 그때 우리는 비로소 '지구촌'의 미래를 꿈꿀 수 있다.

5. 지구촌의 미래는 모든 지역의 동참이 필수적이다. 그렇다면 이제 우리는 더 이상 제1세계권 학자들의 '우리는 하나'라는 감언이설에 속지 않고 제3세계권 학자나 제3세계를 연구하는 학자들의 세계화비판론, 탈식민주의론에 주목할 필요가 있다. 제3세계는 역사도 없고 문화도 없는 그런 하위 국가들의 집합체가 아니다.

6. R. 스트라솔도가 정확히 짚고 있듯, 과거의 지역주의(old localism)는 외부와의 접촉을 최소화하고 국경을 강하게 걸어 잠근 채 공동체를 배타적으로 유지하는 경향이 있었다. 하지만 지역세계화와 같은 새로운 지역주의(new localism)는 세계의 다른 지역들을 정확하게 인식하고 있으며, 상호작용에 대해서도 개방적이다(R. Strassoldo, 2004: 53). 그런데 세계화 주도국들만 유독 진작에 폐기했어야 할 이데올로기를 붙안고 있다. Only mad people talk alone!? Only bad nation-state talk alone!?

7. 지역세계성(localobality)은 기본적으로 모든 인간의 경험이 지역의 안과 밖을 넘나든다는 상식에 뿌리를 두고 있다. 지역의 안과

밖을 넘나들며 모든 인간은 새로운 세계를 꿈꾼다. 새로운 세계는 우리 모두가 '본연적 지역세계화(localobalization)'를 새로운 세계-관으로, 사회문화적 조건으로, 인간존재론으로 받아들일 때 이상이 아닌 현실로 구체화될 수 있다. 지역을 중심으로 생각하고 행동하지 않는 한 지역은 머지않은 장래에 사라질 것이다. PGL의 핵심은 바로 이를 성찰하자는 데에 있다.

로컬, 로컬리티와 젠더

문재원

* 이 글은 『로컬리티 담론과 인문학』(2017), 『동북아문화연구』 50, 77호에 실린 글의 일부를 요약하고 수정한 글이다.

들어가며

오늘날 로컬에서는 글로벌-로컬의 다양한 관계망들에 의해 경합, 포섭, 저항의 관계들이 교차한다. 이에 로컬의 위치성은 글로벌/로컬의 포섭-저항 이분법적 관계로만 설명될 수 없고, 다양한 역학적 관계들이 얽혀 있는 장 안에서 파악될 수 있다. 이런 맥락 안에서 글로벌-국가-로컬은 단지 규모의 차원으로 이해되지 않으며, 단선적, 단계적으로 순조롭게 이어지지 않고, 복잡하게 꿰매어진 중층적인 관계를 형성하고 있다. 그래서 로컬(local)은 기원을 결정하는 고정되고 고립된 장소나 특정 장소에 국한되는 문제가 아니다(D. Massey, 2016: 250).

로컬은 계급이나 계층, 젠더, 인종, 민족, 문화 등 각 측면에서 통약 불가능한 이질성들의 혼종화가 진행되고 있는 공간이며, 자본과 국가의 로컬 규정력에 저항하는 개인과 집단뿐만 아니라 각종 지배 이데올로기를 주체화한 개인이나 집단이 존재하면서 다양한 가치와 문화적 투쟁과 갈등을 빚는 공간이다. 그래서 이곳에서는 불협화음이 없는 매끈한 화음의 텍스트가 아니라, '상이한 음역'(이질적 다양화)의 내러티브들이 생산된다. 이처럼 다층적인 시공간 위에 놓여 있는 로컬은 다양한 주름들과 '차이소'(le different)들이 공존하거나 혹은 무수한 '잠재력'들이 얽혀 있는 장(field)이다.

로컬에 대한 이러한 관점은 근대 국민국가 안에서 그동안 주변화되었던 로컬의 위치성에 대한 비판적 성찰을 제공한다. 뿐만 아니라, 동일성의 지구촌이 아닌 새로운 글로벌-로컬의 관계성을 제안한다. 특히 코로나19로 첨예하게 드러난 세계의 불평등과 취약함을 어떻게 넘어서야 하는가에 대한 대안적 '장소'로서 로컬이 호출되면서 '다른' 삶의 지속성을 의제로 제안한다. 이때 '다른' 삶의 풍경은 저 멀리 닿지 않는 이상적인 유토피아가 아니라, 지금 여기의 삶에 대한 고민과 조정을 담는다. 이 글은 이러한 고민의 맥락에 있다.

이 글의 궁극적 기획은 최근 지역 청년 이탈, 지방 소멸, 지역 위기 담론이 언론의 헤드라인이 되고 있는 가운데, 역설적으로 지역에서 지속가능한 '다른' 삶을 모색하기 위한 탐색에 닿아 있다. 그래서 이 글에서는 우선 근대성 구조 안에서 포착되지 못한 로컬, 로컬리티의 잠재성과 역능을 고찰하고, 트랜스-로컬리티의 개념으로 로컬리티의 확장성을 살펴볼 것이다. 그리고 로컬리티 연구 안에서 그동안

문재원

주목되지 않은 젠더를 연결시키는 시론적 작업을 하고자 한다. 여성 주체는 로컬의 사회와 문화 및 정치적 진행 과정의 수행에 핵심적인 항이고, 로컬리티는 여성 주체가 정체성 관련 논의를 전개하는 심성적 도구로서 유용하게 기여하는 한편, 젠더를 복합적인 시선으로 검토하는 기반으로 작용한다. 매시가 지적한 것처럼, 장소 이해에 여성주의적 관점의 도입은 젠더와 로컬 모두가 '문화, 권력, 현대성'처럼 보편적 사회현상의 핵심 범주(D. Massey, 2017)라는 사실을 드러내며, 로컬리티와 젠더의 교차는 로컬리티 담론을 풍부하게 만들 것이다(장세용, 2017). 로컬리티와 젠더의 교차성을 모색하는 과정에서 필자는 젠더 정치의 작동 장소로서 도시 공간을 주목하고, 그동안 삭제된 여성의 이야기를 복원하고 전통적 공간 문법을 가로지르는 다양한 '마주침(encounter)'을 제안한다. 다시 말해, "'삶의 터전'이자 '삶의 현장'인 '로컬'에서 만들어 내는 미래지향적인 대안적 생활양식의 창출 가능성"을 타진하면서, 도시 공간과 여성의 위치성, 그리고 이들의 관계 맺음과 실천이 로컬리티와 어떻게 공명하는가 방법론적 연결점을 모색하고자 한다.

삶의 출발지, 로컬

인문학의 영역으로 소환된 로컬리티는 '삶의 터로서의 로컬(공간)

과 거기에 살고 있는 사람들이 역사적 경험(시간)을 통해 만들어 가는 다양한 관계성의 총체이며, 이는 매우 유동적이고 중층적이며, 권력적이고 가치지향적인 것'으로 기존의 지리학의 로컬리티 개념에 비해 확장되고, 추상적인 영역까지 포함한다. 이런 점에서 로컬리티는 현상적이고 통계적인 수치를 넘어선다.

한편, 로컬리티의 종속성과 관련하여 하비(D. Harvey)는 공간적 장벽의 중요성이 줄어들수록 공간 내 장소의 다양화에 대한 자본의 민감성은 더욱 커지고, 자본을 위해 매력적인 방식으로 차별화된 장소가 가져오는 인센티브는 더욱 커진다는 지점을 설명한다(D. Harvey, 2013). 이는 신자유주의 경쟁 안에서 무차별적으로 포섭된 로컬리티의 현재를 적확하게 드러내고 있다. 신자유주의 글로벌 체제 안으로 포섭된 로컬리티는 서구 중심의 전통적이고 근대적 균질화가 더욱 가속화되는 현장을 드러내는가 하면, 종속적이고 문화적인 파편화가 진행되고 있음을 확인시켜 준다. 이러한 과정들을 보건대, 오늘날 로컬리티는 국가/로컬, 세계/로컬의 이분법적 질서로부터 벗어나려는 움직임을 보이지만, 한편으로 유연화된 글로벌 체제의 그물에 종속되어 오히려 글로벌 자본주의를 더욱 강화시키는 도구로 전락할 위험에서 자유롭지 않다는 점을 예의 주시하게 한다.

그래서 나름의 독자성과 역동성을 추구하고자 하는 로컬의 시대적 역할과 의미에 대한 탐구는 더욱 절실하게 되었다. 삶의 터-무늬들을 만들어 온 사람들과 연결한 로컬리티 연구는 로컬이 배치되어 왔던 자리에 대한 비판적 성찰을 토대로 기획되었다. 글로벌한 거시적 구조 안에서 계서화되거나, 동일화되면서 왜곡되거나 배제되었던 로컬의 가치를 탐문하고, 로컬의 역동성을 포착할 것을 주문했다. 이러한 시좌(視座)는 기존의 거시적 구조가 안착되는 확인지로서 로컬의 위치성에 대한 문제를 제기하고, 새로운 담론적 배치로 로컬리티를 이동시켜 내는 작업과 연결된다. 이러한 과정에서 우리는 로컬이 국가/지역, 세계/로컬의 이분법적 논리가 자리바꿈하는 자리도 아니고, 훼손되지 않는 순수한 시원(始原)을 확인하는 자리가 결코 아님을 확인할 수 있다. 다만, '인간 존재에 대한 다양한 질문들이 놓여 있는 곳을 로컬로 포착하고' 다양한 질감의 흔적과 주름들이 엉켜 시간과 장소들을 의미화시켜 나가는 로컬의 주체로서 인간의 자리를 사유하겠다는 의미이다.

다시 말해, 로컬에 대한 인문학적 성찰은 물리적 경계로서의 로컬/로컬리티뿐만 아니라 인식적 경계에 대한 고찰로서 로컬리티를 소환하고, 특히 이 경계를 고착화한 질서, 제도를 탐문하고, 그것을 해체하고자 한다. 그러므로 로컬을 주목하는 것은, 내가 있는 '지금-여기'에 대해 성찰하고 인간의 근원적인 동력의 장으로 로컬리티를 세우고자 함이다. 이 과정에서 로컬/로컬리티의 가능성은 '국가 중심적 패러다임에 가려져 있던 로컬리티를 재발견'하고 '로컬이 능동적으로 세계화를 주도하는 로컬 주도권(local initiative)'의 계기로 나타난다고 진단했다.

로컬리티의 이중성, 그 곤궁함을 넘어서기

로컬리티 연구가 로컬을 '타자에서 주체로 전환시키기 위한 담론적 실천'이라는 방향성을 내재하고 있다는 지점이 간혹 '상상적 동일시'를 통한 욕망을 내부에 투사함으로서 로컬리즘의 고착으로 이어지는 병폐로 연결되기도 한다. 이런 점에서 로컬리티와 주변성이 로컬 주체들에 의해 중심의 논리를 비판하기 위한 가치로 구성되기 이전에 '항상-이미(always already) 긍정적이고 진보적인 가치'인가에 대한 질문은 계속 되어야 한다. 이를 통해 로컬리티에 대한 주목이 중심/주변의 위계를 추인하고 고정시키는 데 기여하거나, 반대로 중심/주변의 역전을 통해 로컬리티의 낭만화에 기울어질 수 있는 여지를 차단해야 한다.

한편, 글로벌화로 인한 로컬의 부상은 오히려 배타적인 로컬리즘으로 변신할 가능성이 도처에 편재되어 있다. 특히 규모나 층위의 스케일에서 접근할 경우 글로벌-국가-로컬의 깔대기 형에서 로컬의 위치는 맨 하위에 배치될 수밖에 없는데, 이러한 형상은 로컬의 위치성에 여전히 중심/주변의 구도가 내재화되어 있음을 입증한다. 기왕의 중심/주변의 표상 체계에 의존하여 설명해 낼 수밖에 없는 중심/주변 담론이 갖는 한계 안에서 주변부의 반복적 환기는 결국 기존의 표상 체계를 더욱 강화시키는 역할에 공모하게 된다.

이러한 지점은 로컬리티 연구가 근대적 공간에 대한 성찰에서 탈

근대의 전망을 대동하였으나 여전히 근대의 자장 안에 머물면서, 새로운 세계와 로컬리티를 전망하고 있다는 환상과 착종되어 있는 위치를 인식하지 못하고 있다는 점을 드러낸다. 이러한 모순과 역설의 구조는 남성중심주의 안에서 탄생한 페미니스트 지리학이 맞닥뜨린 곤경과 제안을 참조해 볼 수 있다. 로레티스는 지배적 주체의 영역 주장을 거부하는 새로운 공간에 대한 인식으로서 상상하는 페미니즘 주체의 역설적 공간을 강조하였다. 이 공간이 역설적인 것은 페미니즘의 주체가 남성중심적 담론에 저항함과 동시에 그 담론을 통해서 구성되었기 때문이며, 그렇기 때문에 두 장소를 동시에 점유한다고 주장한다.

> 그것은 재현과 재현이 배제한 것, 정확히 말해 재현 불가능한 것 사이를 오간다. 그것은 주류 담론이 만들어 놓은 위치의 (재현된) 담론 공간과 그러한 담론 공간의 밖, 즉 다른 어딘가 사이를 오간다. (…) 이러한 두 종류의 공간은 상호 대립적이지도 않고 의미화의 연결 고리를 따라 일률적으로 엮여 있지도 않다. 이 공간들은 협력하는 동시에 역설적으로 공존한다. 따라서 이 둘을 오가는 것은 변증법이나 통합이나 결합이나 차연이 아니라, 역설과 다중성과 타율성이 가져다주는 긴장이다. (G. Rose; 319)

질리안 로즈는 로레티스의 페미니즘의 주체를 인용하면서 페미니즘 주체의 등장과 관련된 '공간적 상상'에 대해 말한다. 페미니즘의 주체가 남성중심적 담론에 저항함과 동시에 그 담론을 통하여 구성되었기 때문에 두 장소를 동시에 점유할 수밖에 없음을 피력하면서(G. Rose, 2011; 313-358), 이 둘을 오가는 것은 변증법이나 통합이나 결합이나 차연(differance)이 아니라, 역설과 다중성과 타율성이 가져다주는 긴장이라고 했다. 복합적이고 역설적인 공간성은 유클리드 기하학이 아닌 불확실한 개념의 기하학으로, 권력과 저항과 차이의 인정을 이야기한다(G. Rose, 2011; 321). 공간에 대한 역설적 인식은 남성중심적 지리학이 수반하는 배제에 도전한다고 보았다.

지배적 주체는 자신이 분열되었다거나 타자에 의존한다는 사실을 부인하지만, 영토와 지식에 대한 그의 포괄성 주장을 비판하는 페미니즘은 동일자의 영토 내에 있는 차이들을 탐색함으로써 이러한 부인에 도전한다. 이러한 논리는 중심과 주변을 동시에 점유하는 역설, 로컬리티 담론의 조건과도 닮아 있다. 즉 로컬리티가 중심 담론에 저항하면서 그 담론을 통해 구성될 수밖에 없다는 점에서 로컬리티 연구와 페미니즘 연구의 접점을 찾을 수 있다. 나아가 근대 남성주의에 대한 비판적 담론의 출생과 그 역설의 논리는 국가/로컬, 세계/로컬의 이분법적 공간 인식을 넘어, 내부의 차이들을 발견하고, 안과 밖이 더 이상 분리된 영역이 아니라 서로 복잡하게 꿰매어진 영역으로 인식할 수 있는 방법으로 참조할 수 있다.

로즈는 역설적인 공간성 안에서 드러나는 다양한 '차이의 지점'

들을 예의 주시하며, 페미니즘 주체가 직면한 현안은 '분산'(G. Rose, 2011; 338)이라고 했다. 즉, 이제는 단순히 젠더 영역으로만 사회적 공간을 상상할 수 없다는 것이다. 다시 말해, 보다 복잡하고, 중층적으로 얽혀 있는 오늘날, 이전 근대적 주체/타자, 남성/여성, 안/밖의 단순 구도에 의한 전복적 공간에 대한 상상은 오히려 체계 안의 문법으로 회귀할 위험이 농후하다는 점을 주목하고 있다. 오히려 다양한 여성들의 다양한 공간이 지배적 주체의 지리학과 그에 공모해 온 페미니즘 사이를 갈라놓았음에 주목했다. 그래서 로즈는 페미니즘 주체의 복합성을 드러내기 위해 다중적 로컬리티(plurilocality)를(G. Rose; 341) 주장한다. 즉, 남성/여성의 구분이 모든 것을 포괄하는 가부장적 주장에 도전하기 위해서는 젠더 이외의 다른 사회적 관계들 속에 위치 지어져야 한다는 것인데, 페미니즘 주체는 성차로만 구성되지 않고 언어와 문화적 재현을 가로질러 구성된다. 즉 성적 관계뿐만 아니라 인종, 섹스, 계급적 경험을 통해 또다시 젠더화되는 주체이다. 이러한 지점은 계급, 인종, 젠더, 섹슈얼리티 등이 개인과 집단의 정체성을 형성하는 기제이자 범주로서 불평등과 차등, 위계화를 생산하는 억압적 구조로 기능한다는 교차성(intersectionality)와 맞닿아 있다.

  인종과 젠더의 교차, 이성애 중심주의, 트랜스 혐오, 이주민 혐오, 비장
  애중심주의의 교차, 이 모든 사회적 역동들은 한데 모여 때로는 매우

특수한 난관들을 만들어 냅니다. 하지만 동시에 교차성은 흑인 여성이 자신의 삶을 살아가는 방식에 대한 우리 의식을 고양시킵니다. (K. Crenshaw, 2016)

크랜쇼는 교차성이 1차적으로 정체성에 관한 것이 아니라, 구조들이 어떻게 특정 정체성들을 취약하게 만드는지 주목할 것을 요구한다(K. Crenshaw, 2012; 1466-1467). 일반적으로 교차성(intersectionality)은 계급, 인종, 젠더, 섹슈얼리티, 민족, 장애, 나이 등이 얽히고설켜 개인과 집단의 정체성을 형성하는 기제이자 범주로서 불평등과 차등, 위계화를 생산하는 억압적 구조로 기능한다고 본다. 그래서 교차성은 소수자 집단 내부의 차이와 다양성, 그리고 이러한 차이와 다양성 사이에서 작동하는 권력의 교차적 속성을 드러냄으로써 기존의 소수자 정치학이 보지 못하거나 관습적으로 용인해 오던 이론적, 실천적 맹점들에 대한 비판적 성찰을 촉구하였다(김보명, 2019; 260). 이처럼 교차성 분석을 통해, 여성들이 다양한 체제들 내에 위치 지어지고 그에 영향을 받게 되는 방식들을 밝히는 작업들은 역설적으로 억압 체제에 맞서는 출발 지점이 될 수 있다. 다시 말해, 방법론으로서 교차성은 차이를 억압하는 요소에 대한 이해와 실천을 바탕으로 기존의 정체성에서 탈주하여 정체성 정치를 쇄신하고 새로운 연대의 가능성을 꾀할 수 있다.

다양한 정체성의 교차를 통한 주체의 구성은 '위치의 정치학

문재원

(politics of location)'으로 자주 표현되는데, 위치의 지정학이란 모든 주체가 권력, 저항, 주체성이 담론적으로, 물질적으로 무수히 교차하는 지점에 위치함을 의미한다. 이러한 위치의 지정학이 지향하는 지점이 궁극적으로 지배 담론의 너머에 대한 상상과 실천일진대, 이를 위해서는 내부의 무수한 경계들에 대한 성찰과 이를 넘어서려는 작업(transgression)의 과정을 동반할 때, 담론 너머의 '다른 어딘가 (elsewhere)'를 상상할 수 있다. 주변성과 타자성을 바탕으로 중심부를 재규정하고, 그 틀을 변혁시키는 힘을 만들어 내는 것, 이것은 지역 기반의 새로운 전환점이 되기도 하고 로컬리티의 실천적 동력이 될 수 있다.

경계 재인식과 트랜스-로컬리티

로컬리티 연구의 궁극적 의도가 국가 중심주의나 신자유주의 글로벌화에 의해 주변화되었던 로컬(리티)을 타자적, 수동적 위치에서 벗어나 주체성과 능동성을 발견하고 의미화하는 데 있다면, 이분법적 경계에 대한 의문과 경계성에 대한 새로운 사유가 우선 요청된다. 다수의 세계를 지배하던 '배치' 혹은 '경계'에 '의문을 던지는 행위'를 통해 우리가 살아가는 세계의 원리와 규칙을 새로운 '전이의 형식'으로 창안하고, 실천으로서의 정치를 전망할 수 있다. 장벽으로서의 경계, 위계로서의 경계, 포섭과 배제로서의 경계에 대한 사유의 전환을 시도하고, 거기에 내재되어 있는 '창조적 잠재성'을 발견하고(김수환, 2008; 507) 재의미화하고자 하는 작업은, 근대 국민국가 안에서 공간적 경계 인식에 의해 배제되고 삭제되었던 로컬리티의 잠재성을 회복하고자 하는 작업과 연결된다.

경계의 메커니즘은 나와 남, 주체와 타자, 내부와 외부를 가르는 대립적 분할의 기능에 전적으로 귀속되고 있으며, 이는 개인 심리의 개체적 차원에서 특정 민족 문화의 차원까지 걸쳐 있는 정체성의 일반 원리에 복무한다. 문제는 이러한 안과 밖의 대립에 기초한 형식이 경계로 나뉜 내부와 외부를 실체화하고 있다는 점이다. 이러한 실체화된 대립 구도는, 선(善)을 자아 정체성 및 동일성의 개념과 등치시키고 악(惡)을 우리 밖의 이질적 존재와 연결시키는 사유의 흔적이다(R. Kearney; 116). 즉, 체계의 내부에 존재하는 이질적 타자, 공동체에 거주하는 타자의 가능성을 인정하지 않는 인식에 기인하는 것이며, 이때 동일성의 공간으로 들어오지 않는 타자의 자리를 인정하지 않는 것이다. 이때 경계는 극복해야 할 장벽으로서 간주되고 있을 뿐, 경계의 메커니즘이 갖는 본질적인 양면성과 이중성을 탈각하고 있다.

이런 점에서 비판적 로컬리티에 대한 성찰은 '체계의 문법' 안팎에 대한 비판적 성찰을 통해 자기 존재 방식에 질문을 구성해 나가야 한다. 이 질문은 물리적 공간의 경계에 그치는 것이 아니라, 중심/주변, 위/아래, 안/밖을 나누는 인식적 경계를 포함한다. 인식 경계로서의 로컬리티는 체계의 바깥과 관계하는 영역, 외부의 새로움을 먼저 접하는 장소, 체제 내적이지 않은 변화의 시발점이 되는 장소가 될 수 있다. 어정쩡한 경계, 사이, 틈새에 위치하는 시선은 어디에든 수렴되기도 하지만, 진정하게 귀속되지 않는 갖가지로 '잡다한' 시선들이다. 그들은 역사에 귀속되지 않고 역사의 안과 바깥 사이에 거주한다. 이른바 '역사 없는 사람들'이다.

이러한 경계지대의 대안적 사유로 트랜스-로컬 주체성을 제안할 수 있다. 일차적으로 트랜스로컬리티의 방법론적 전제는 로컬 기반(local-based)에서 비롯한다. 이때 로컬은 기원을 결정하는 고정되고 고립된 장소나 특정 장소에 국한되는 문제가 아니다. 로컬(리티)은 사회적 활동과 사회적 관계가 교차하는 곳이며, 그러한 활동과 관계는 역동적이고 변화할 수밖에 없다(D. Massey, 2015; 250). 내적으로 균일하게 경계 지어진 통합체가 아니며, 비동일적 가치와 문화가 각종 공간적 관계망과 직조되면서 실현되고 있는 곳이다. 이러한 로컬의 위치성은 우리가 '로컬리티의 신화'나 '하나의 기표로 드러나는 추상화된 로컬'에 접근하는 것을 막고, 다양하고 구체적 실천들이 부딪치는 로컬을 상정하도록 한다. 국가나 세계는 로컬이라는 공간에 규범화, 추상화된 기표들을 이식하거나(되거나) 기입하려 하지만(박경환, 2011; 55-63), 한편으로 로컬 공간은 '위로부터 실행되는' '텅 빈' 규범성에 직접적인 의문을 가할 수 있는 지점이다. 이러한 길항이 일어나는 현장인 로컬에서 구체적인 개인이나 집단은 저항이나 주체화의 양상을 일관되게 견지하는 것이 아니라 다중정체성을 보인다(조명기, 2014: 68). 이러한 과정을 통해 접근할 수 있는 로컬리티에 대한 이해는 '글로벌-내셔널-로컬이라는 다중적 스케일의 구조적 맥락 속에서 일정한 공통의 장소를 근간으로 다양한 행위자들에 의해 구성되는 사회적인 구축물'이라는 점이다(김용철·안영진, 2014: 428).

  그렇다면 왜 트랜스로컬리티인가? 아파두라이는 로컬리티가 "양적이나 (물리적) 공간적인 것이 아니라 근본적으로 상관적이고 맥락적인 것이며, 사회적 현안에 대한 감각과 상호작용의 기술, 문맥들 간의 상호의존성들이 만들어 내는 일련의 관계로 구성되는 복잡한 현상학적 성질"(A. Apparadurai, 1996: 178)이라면서, 초국가적 실천을 통해 새롭게 탄생되는 트랜스로컬리티에 주목해야 한다고 했다. 로컬리티 연구가 장소 주변에 선을 긋는 문제로 축소되어 온 데 대해 비판적으로 성찰하면서 '지구적 장소감(global sense of place)'을 강조한 매시에 의하면, 로컬리티들을 보다 더 넓은 세계와, 다른 장소들과 불가분하게 이어주는 일련의 사회적 관계들을 통해 구축할 것을 주문한다(D. Massey: 277). 이때 국가의 경계를 넘나드는 이동을 설명하는 하나의 방식으로서 트랜스로컬리티는, "이동성(mobility)과 로컬리티(locality) 사이의 긴장관계를 이해하는 방법적 기제로 나타나며, 그리고 그것은 사회-공간적 역동성의 다양한 증가에 대한 이해를 촉구하는 방법론적 도구"가 될 수 있다(C. Greiner & P. Sakdapolrak,

문재원

2013: 380).

최근 트랜스로컬리티 연구 경향성은 경계를 넘은 이주자들의 새로운 장소(cultural sites)에 초점을 맞추고 글로벌화의 결에 균열을 내는 전략적 실천을 맥락화함으로써 이주자들의 사회실천적 행위를 의미화하는 작업으로 이어진다(G. Clemens, 2010: 136). 이러한 맥락은 트랜스로컬리티가 단순히 물리적 경계 넘기의 현상으로 설명될 수 없음을 내포하고 있다. 인식적, 실천적 의미 맥락으로 구성되는 트랜스로컬리티 담론은 트랜스(trans)의 의미 실천과 밀접하게 연결되어 있다. 이러한 트랜스 담론은 세계를 인식함에 있어서 특정한 대상을 공고한 분류 체계 속에 위치시키려고 했던 가치 선택을 부정하면서, 새로운 가치로서 대상들 간의 횡단과 초월을 논의한다(임대근, 2016: 139). 이런 점에서 '트랜스-로컬리티'는 국가나 로컬에 비판적으로 개입하고 로컬과 로컬을 연결하면서 두 곳 사이의 맥락들을 가로질러 새로운 맥락의 혼종성(L. McDowell, 1999: 211-212)을 만들어 나가는 과정으로 이해할 수 있다.

또한 기존의 로컬로부터 이동하여 국경을 넘어 복잡한 층위들이 횡단하는 지점에서 중층적으로 위치하고 있는 주체들을 '트랜스로컬 주체성(translocal subjectivity)'으로 설명할 수 있다(D. Conradson & D. Mckay, 2007: 168-169). 트랜스로컬 주체성은 국민국가의 경계를 넘나들며 상이한 시간적 틀과 스케일을 지속적으로 왕복하며, 기존의 관행을 비틀고 자신들의 로컬과 관계에 대한 새로운 의미를 만들어 내는 사회적 장(social field)을 확보해 나간다. 이들은 로컬적 상황과 맥락 속에서 정치경제적 전략과 협상, 문화적 혼종성을 일상적으로 실천한다. 그러므로 트랜스로컬리티는 '이동을 매개로 다양한 불일치적 위치들을 발생시키고 이러한 위치들이 서로 연결되는 그물망을 형성함으로써 권력 관계와 주체가 위치한 맥락을 이동시켜 이들을 전환시키는 새로운 장을 창출하는 운행력'으로 이해할 수 있다 (민가영, 2009; 13).

이러한 논의는 최근 트랜스로컬리티와 정치적 주체로서 난민의 이동성과 저항성을 연결하고 있는 시도에서도 확인된다. 이유혁은 트랜스로컬리티는 국가적인 패러다임에 대해서 비판적이고 그것을 넘어서고자 하는 특징을 보여 주면서도 필연적으로 국가라는 공간 안에 자리 잡은 채로 이것을 수행하면서, 동시에 국가 하부의 미시적인 상황에서 벌어지는 난민의 저항과 투쟁의 과정을 자세히 살펴볼 수 있는 효율적인 개념적 틀이 될 수 있음을 주장하였다. 난민의 저항과 투쟁의 과정은 '트랜스로컬'하다는 것으로 정확하게 묘사될 수 있으며, 이는 그들의 존재의 근간을 이루는 '이동성'과 '저항성'을 포괄적으로 설명할 수 있다는 것이 그 특징이다(이유혁, 2017; 205). 이러한 과정은 위로부터 만들어지는 거대한 흐름으로서의 글로벌라이제이션에 대한 비판적인 담론을 형성할 수 있는 지점으로서의 트랜스로컬리티의 가능성을 제시할 수 있다.

문재원

로컬리티와 젠더의 방법론적 교차

지역 여성 아카이브와 젠더 지리

로컬 공간에 대한 다양한 주체들의 기억과 서사를 통해 역사를 재구성하고 전시하는 과정에서 중요한 것은 누구의 시선으로 로컬의 역사를 더듬어 갈 것인가이다. 로컬(공간)의 주름은 특정 방향의 경험과 기억을 편집한 헤게모니적 동일화의 공간이 아니다. 다양한 사람들의 경험, 말해지지 않은 이야기, 망각과 망실의 서사들을 연결하고 이어진 '주름체'이다. 예를 들어, 최근 '신발 산업과 연계한 부산의 도시 문화 재생, 이를 통한 로컬리티의 재구성의 일련의 과정들 안에서 여성이 어떻게 호출되는지 보자.

부산의 경제성장 안에서 신발은 언제나 우선 순위로 호출되었고, 부산 사람들은 이구동성으로 "신발이 부산을 먹여 살렸다"고 기억한다. 부산 안팎의 기억 안에서 신발과 부산을 연결하는 정체성은 강하게 자리 잡고 있다. 특히 이러한 부산-신발의 정체성 작업에는 언제나 '여공'이 강력하게 매개된다. 왜냐하면 당시 신발공장의 대다수가 여성 노동자였기 때문이다. 이러한 여공의 서사가 현재 도시 공간에 어떻게 기억되고 재현되고 있는가? 주지하듯이, 산업화 시기 부산의 산업 경제, 도시 공간의 주체였음에도 그녀들의 노동은 임시적이고 부차적 노동, 여분의 노동, 금기의 공간 등으로 폄훼되거나 부정되기 일쑤였다. 또한 그녀들의 기억과 기록은 전해지지 않고 도시공간의 뒤편으로 점점 사라지고 있다. 수많은 그녀들의 노동과 일상으로 채워졌던 흔적들은 사라지고, '그녀들이 없는' 도시가 기록되고 재현된다.

과거 신발공장들이 모여 있었던 부산진구 인근 동구는 '누나의 길'이 재현되어 있다. 입간판의 '애보개' 소녀는 동생을 업고 공장에 간 엄마를 기다리고 있으며, 머지않아 그녀 역시 산 아래의 공장으로 가는 서사를 함축하고 있다. 애보개에서 산업역군으로의 이동 서사는 경제불평등, 젠더불평등의 서사를 함축하고 있다. 논자들이 지적하고 있듯이, 산업화 시기 희생자와 산업역군의 단일한 표상으로 배치된 여공은 가부장제-국가의 공모 안에서 행사하는 주체의 폭력이 작동된 결과이다(R. Barraclough, 2017; 147~199 참조). 패턴화된 재현이 반복되면서 여공의 서사는 희생자와 역군의 담론을 생산하면서, 젠더화된 여성의 위치를 고정화하는 효과를 발생시킨다.*

페미니즘이 여성들의 일상과 구체적인 감정과 경험에 기반하면서 특정한 장소, 상황, 위치에서 구성된 부분적 시각이라는 점에서, 보편적인 지식이 아닌 '상황적 지식(situated knowledge)'임을 감안할 때

---

* 페미니즘 연구의 목적은, 여성들이 그냥 희생자가 되는 것이 아니라 정치적으로 작동하는 복합적이고 젠더화된 권력 관계에 의해 어떻게 희생자화되어 가는지 알아보는 데 있다. 여성들의 서사적 재현에서 자주 발견되는 희생자, 약자의 부각은 한편으로는 연민을 불러일으키면서 폭력의 수동적 희생자임을 부각시킨다. 이러한 희생자 이미지가 놓치고 있는 것은, 여성들이 능동적으로 선택을 하고 그들 자신과 공동체의 삶을 위해 고군분투하는 다양한 방식들을 가려서 보이지 않게 한다는 점이다. (E. 펜티넨, A. 킨실레토, 2018, 81~82)

문재원

부산 동구 범일동 골목에 조성된 '누나의 길'

'불쌍한 누나'와 '산업역군'이라는 앞면과 뒷면을 가지는 단일한 여공으로 재현하는 일은 이미 무수한 '여공들' 간의 다양한 경험적 차이나 내적 차이들을 제거하고 다면적 정체성을 가진 여공의 서사를 괄호 친다.

부산 신발 여공을 공간의 주체로 호명하고 다양한 여성 노동과 욕망을 복원함으로써 잊혀진 여성 노동자의 삶과 기억을 드러내고 이를 지역사에 적극 개입시키는 일은 로컬리티의 재구성과 연결된다. 부산의 신발과 관련된 '기억의 각인'(J. Malpas, 2014; 242)들은 도시의 경관을 재편하고, 문화적 기억과 정체성은 주조된 풍경과 물리적 환경에 묶여 있다. 지역 정체성의 구성 주체가 누구이며, 무엇을 목적으로 하는가에 따라 정체성의 제도화가 다르게 나타난다. 제도화과정은 과거와 현재를 연결하는 기억 정치를 수반한다. 현재의 요청에 의해 호출된 과거 기억의 장소, 사건, 인물들은, 다시 현재를 재구성한다. 지역 정체성의 다양한 소재들은 특정한 시·공간의 틀 속에서 특정한 개인, 집단, 사회의 판단과 기획에 따라, 특정한 의미를 갖는 것으로 배열된다. 그러므로 지역 정체성의 구성 주체가 누구이며, 무엇을 목적으로 하는가에 따라 정체성의 제도화가 다르게 나타난다.

로컬은 이해관계가 다른 여러 집단들이 상이한 권력관계에 따라 다양한 상징적 전략과 사회적 관계망을 동원하는 정치적 장인 동시에 상이한 정치적 이해관계가 서로 충돌, 반목, 굴절을 일으키며 중층적으로 교직하는 권력 재현의 장이기도 하다. 이러한 맥락에서 로컬의 상징과 정체성을 어떻게 동원하고 활용하는가는 로컬리티 구성에서 아주 중요한 과정이다. 부산의 신발을 어떻게 맥락화할 것인가, 신발-부산은 논쟁적 장소 곧 '정치적 장소'이다(J. Rancière, 2013; 114~115). 신발과 부산을 연결하는 시공간에 '여공'을 개입 (engagement)시키는 작업은 편재(偏在)된 기억의 젠더 지리를 넘어선 로컬 서사를 구성하는 작업이 될 것이다.

여성친화도시의 문법 가로지르기

그렇다면 도시 공간에서 여성 공간 만들기는 어떻게 구성되어야 하는 것일까? '말뚝박기'의 근대적 공간을 넘어, 비결정성의 '넘어섬의 공간'(space of excess)에 대한 사유는 '기입'이 아닌 '개입'으로서의 여성 공간을 상상할 수 있다. 이는 "공간을 할당받기 위한 싸움이 아니라, 공적 공간의 의미와 역할을 재구성하는 싸움"이다. 이런 점에서 2000년대 이후 '여성들의 공간'을 '전면화'한 여성친화도시는 근본적으로 이러한 문제의식에서 검토되어야 한다. 여성친화도시는 물리적인 경관과 통계학적인 수치로 구축되는 데 주안점을 둘 것이 아니라, '여성적인 것', 다시 말해 기존의 남성 중심의 도시 생활 방식과는 다른 생활 방식을 담고 있어야 한다. 하여, 여성친화도시는 근본적으로 기존의 젠더 질서에 어떠한 균열을 내고 있는가 하는 질문을 던지는 작업에서부터 재검토되어야 한다. 그렇다면 어떻게 여성 섹슈얼리티의 공간성을 다르게 인식할 수 있는가. 여성이 도시에 거주하는 새로운 방식은 무엇인가. 여기에서 다층적, 다중적 섹슈얼리티를 인정하고 그로부터의 삶의 방식을 재해석할 것을 주문한다.*

도시는 구조물의 집합이라기보다 서로 관련되고 끊임없이 상호작용하는 기능의 복합체이며, 권력이 집중되는 곳이라기보다 문화의 거점화가 이루어지는 곳이다. 그러므로 우리는 도시적인 삶 한가운데서 다양한 문화적 타자들을 마주하게 된다. 수많은 다양성이 갈등하고 경합을 벌이는 가운데 새로운 문화를 만들고 또 해체하는 과정에 참여하고 있다는 것이다(이현재, 2016; 58). 도시에서 일어나는 정동의 부딪침과 소란스러움에 주목하며 도시에 대한 권리와 도시 정치를 재구성하고자 하는 메리필드에 의하면 '도시적인 것(the city)'이란 "그곳에 있지만, 더 이상 그 자체의 이름으로 현전하지 않는, 그 자신의 실재로는 더 이상 가시화되지 않는 실재이자 개념"이다. 그는 역설적으로 도시적인 자체의 한계를 어떤 식으로든 깨부수는 도시적 정치, 그 자체를 넘어서는 도시주의를 강조하면서 도시 공간 내의 '점령'을 '도시적 내재성의 실천'으로 재맥락화한다(A. Merrifield, 2015; 173). 즉, 도시적인 것은 마주침의 결과로 생긴 드라마의 장소

---

* 여성친화도시 초창기에 많은 비판을 받은 부분 중 하나가 단일한 대문자 여성(Woman)에 초점을 맞추었다는 점을 상기해 보자. 이현재는 여성주의적 관점에서 르페브르의 중심에서 배제되지 않을 권리, 차이의 권리에 집중하여 서울시의 '여성이 행복한 도시' 프로젝트를 분석했다. "여성들은 기존의 '정상적' 여성성 혹은 가부장적 모성 등을 재현하는 도시권을 요구할 것이 아니라, 여성주의적 관점에서 여성의 정체성과 차이를 다시 이해함으로써 차이의 권리 주장의 내용을 창발적으로 재구성해야 한다."(이현재; 22)

이자 마주침의 드라마 그 자체를 마주치는 장소라고(A. Merrifield; 157) 보았다.

하여, 그는 도시의 권리를 넘어 '마주침의 정치(encounter of police)'를 제안한다. 여기서 마주침이라는 개념은 사람들이 인간 존재로 어떻게 한데 어울리느냐 하는 이야기, 집단이 왜 형성되고, 연대가 어떻게 이루어지고 유지되며, 여러 영역을 교차하는 정치가 어떻게 형성되는가 하는 것에 관한 이야기이다. 이때 마주침이란 "개방적인 형태에, 역동적으로 구조화된 일관성에 수동적인 상태로 미리 존재해 그냥 거기 놓여 있다기보다 스스로를 만들어 내는 배열에 결합하는, 다수성을 띤 참여자들의 표현"과도 같다. 이 과정에서 그는 중심성과 시민권을 재정의하는데, "중심성이란 중심에 위치해 있다는 비활성적인 물리적 현전에서 나오는 것이 아니라, 운동들이 그 중심적 위치를 만들어 내는 것"이라고 한다. 이는 반복과 차이의 공간적 연극을 통해 부단히 재중심화의 과정을 반복을 수행해야 한다고 역설했다(A. Merrifield; 105-125). 이러한 마주침의 공간에서 로즈가 제안하는 '다른' '역설의 공간'을 마주친다.

로즈는 페미니즘 주체의 등장과 관련된 '공간적 상상'에 대해 말한다. 여기에서 그녀는 두 가지 전략을 제안한다. 하나는 '여러 차이들이 만나는 지점'으로서의 여성 주체를 상정하는 것과 또 하나는 스스로 자기 재현함으로써 남성중심성의 포괄성을 넘어설 것을 주장한다. 이러한 도전은 지배적 권력에 대항하여 규범적이며 유토피아적인 대안을 제시하는 것이 아니라, 현재의 담론 너머에 새로운 가능성이 존재할 수 있다는 것을 제시하는 것이다(G. Rose: 314-315). 지배적 시선을 넘어서는 것을 강조하지만, 페미니즘의 주체가 남성중심적 담론에 저항함과 동시에 그 담론을 통하여 구성되었기 때문에 두 장소를 동시에 점유할 수밖에 없음을 피력했다.

즉, 이제는 단순히 젠더 영역으로만 사회적 공간을 상상할 수 없다는 것이다. 페미니즘 주체는 성차로만 구성되지 않고 언어와 문화적 재현을 가로질러 구성된다. 즉 성적 관계뿐만 아니라 인종과 계급적 경험을 통해 또다시 젠더화되는 주체이며, 이에 가부장적 주장에 도전하기 위해서는 젠더 이외의 다른 사회적 관계들 속에 위치 지어져야 한다는 것이다. 다양한 정체성을 통한 주체의 구성은 '위치의 정치학(politics of location)'으로 자주 표현되는데, 위치의 지정학이란 모든 주체가 권력, 저항, 주체성이 담론적으로, 물질적으로 무수히 교차하는 지점에 위치함을 의미한다. 복잡한 권력관계망 내의 세부적 위치는 어떤 개별적인 페미니즘의 주체가 지닌 차이의 지점을 묘사한다.

이러한 맥락에서 도시에, 공간을 기입하는 방식이 아닌, 점령의 방식으로 경계를 흩트리는 최근의 '여성행진'은 주목할 만하다. 2017년 새해 벽두부터 세계적인 이목을 끄는 거리 행진이 있었다. 이 행진은 미국 워싱턴에서 최초로 기획됐다. 여성과 소수자에 대한 혐오와 차별을 노골적으로 쏟아내는 도널드 트럼프 미국 대통령의 취임식 바로 다음날, 워싱턴에서 '워싱턴 여성행진'(Women's March on Washington)을 하겠다는 기획이었다. 이는 삽시간에 전 세계로 퍼져 40여 개 국가와 80여 개 도시가 동참을 선언했고 '세계여성공동행진'으로 확대됐다. 하루 동안 워싱턴 50만 명, 전 세계 500만 명이라는 기록을 세웠다. 시작은 반트럼프였으나 이 행진은 반트럼프주의로만 환원되는 것을 철저하게 경계했다. "여성들은 교차적 정체성(intersectional identities)을 가지고 있고 따라서 다중적인 사회정의와 인권의 이슈들에 의해 영향을 받는다"*고 전제하면서, 이 행진은 "모든 지위에 있는 이민자들, 무슬림과 다양한 종교적 신념을 가진 사람들, 성적 소수자, 원주민, 흑인과 유색인종, 장애인들, 성폭행을 당한 사람들 등 선거에서 상처를 입고 선거에 의해 두려움에 처한 모든 공동체들이, 이 국가적이고 국제적인 우려에 어떻게 맞설지에 대한 것"이라고 주장한다.

동시에 '세계여성공동행진 서울'(Women's March on Seoul)도 2017년 1월 21일 한국의 서울 강남역 부근에서 진행됐다. 이날 서울 여성행진에 참가한 시민들은 2016년 5월 여성혐오 살인 사건이 일어났던 강남역 10번 출구 앞에서 모였다. 2천 명의 시민이 행진에 참가했으며, 참가자들은 "여권이 인권이고 인권이 여권이다!", "페미니즘이

_____

* https://www.womensmarch.com/mission

한국을 바꾼다!", "누구에게도 차별 없는 세상을!" 등의 구호를 외치며 강남역 부근을 행진했다. 이 행진에는 강남역 살인 사건, 여성 혐오 논쟁, 낙태 처벌, 가임 지도 등, 2016년 봇물처럼 쏟아진 페미니즘 이슈들이 연결되어 있었다. 거리로 쏟아져 나온 여성들. 평소 비가시화되었던 여성들이 저마다의 발언 피켓을 들고 거리를 활보하는 새해 벽두의 소란에 지구는 당황스럽다. 그러나 예기치 못한 '비체(the abject)'의 출현은 기존의 질서와 라인을 흐트려 놓을 수 있는 잠재성을 가진 사건이 될 수 있다. 이는 여성행진이라는 사건 그 자체가 아니라, 이 사건이 담지하고 있는 공간성의 문제이다. 그러므로 여기에서는 비단 2017년 2월 여성행진만을 의미하지 않는다. 이것이 시작점이며, 이로부터 여성들이 고립된 단수로서가 아니라, 여러 다양한 '여성들'의 몸과 만남으로 여성의 몸은 정치화될 수 있다

나가며

로컬은 정체성, 행위, 그리고 공동체를 구성하는 확립된 단위가 아니라, 전 세계의 영향이 관통하고, 유동성의 흐름을 통해 새로이 성립되는 생성적 공간이다. 이 공간은 내적으로 균일하게 경계 지어진 통합체가 아니며, 비동일적 가치와 문화가 각종 공간적 관계망과 직조되면서 실현되고 있는 곳이다. 이러한 로컬의 위치성은 우리가 '로

문재원

서울 세계여성공동행진 포스터

컬리티의 신화'나 '하나의 기표로 드러나는 추상화된 로컬'에 접근하는 것을 막고, 다양하고 구체적 실천들이 부딪치는 로컬을 상정하도록 한다.

오늘날 로컬리티는 이론적 지평의 확장을 넘어, 실천적 동력을 매개하는 장소로서의 위치성이 부각되었다. 그렇다면 생성적 실천 동력은 어떻게 마련되는가? 마련할 수 있는가가 관건이다. 우리는 국가나 글로벌 체제에 호명되고 도구화된 로컬이 아니라, 관계적 맥락 안에서 (재)구성할 수 있는 로컬리티의 역능(potentia)을 타진하고 그것을 의미화하려는 작업의 시도들을 연결한다. 이때 로컬리티의 역능이나 역동성은 로컬 고유의 미덕이나 선험적으로 내장되어 있었던 것은 아니며 부단한 자기 조직화를 통해 구성되는 산물이다.

그러므로 경계에 대한 재인식은 로컬(리티)을 중심에 밀려난 주변적 타자에만 한정 짓는 것이 아니라, 새로운 가치를 생산할 수 있는 잠재적 주체로 복원시키고, (주체의) 담론 너머의 세계를 제시한다. 이러한 인식적 경로는 특정 지역의 특이성, 관계성, 구조적 관점을 넘어 근대지리학이 놓쳤던 다양체들의 특수성을 경계의 영역으로 불러오고, 실천의 장소로서 로컬리티를 재배치하고자 하는 시도와 연결된다. 이러한 실천은 적대와 혐오가 난무하는 현 상황에서 조금 더 나은 미래를 이루어 나가기 위한 공명(Resonance)을 울리며 미래로 연결한다.

우리는 삶의 출발지이자 일상이 반복되는 로컬 공간에서 여전히

문재원

젠더 문법에 갇혀 경관이나 행위들을 목도한다. 경계를 넘나드는 물리적, 추상적 영역으로 로컬을 호명하고 위치화하고 있지만, 그러한 경계 해체의 범주 안에 여성의 위치는 끊임없는 자기 증명과 투쟁이 요구된다. 정체화의 과정에서 우리는 여성과 로컬의 수행성(J. 버틀러)이 마주치고 있음을 확인할 수 있었다.

특히 위기와 전환의 시대, 로컬에서 다시 대안적인 모색을 시도하는 자리에 가장 우선적으로 재배치되어야 '여성의 장소'를 상상한다. 로컬과 여성의 만남은 기존의 구획된 공간질서 안에서 공간을 할당받는 것이 아니라, 기존 공간질서의 배열을 흐트리면서 공간의 의미와 역할을 재구성하는 작업으로 이어져야 한다. 이 지점은 페미니즘이 확장되고 다시 연결되는 자리이기도 하다.

'여성×농민'의 교차성

여성 농민의 불평등 경험과 정체성

정숙정

* 이 글은 『농촌사회』 31집 제1호에 실린 논문을 요약하고 보완한 것이다.

머리말

우리나라 농촌, 농민은 경제성장 중심의 압축적 근대화 과정에서 국가 경제 발전에 희생되고 신자유주의적 세계 먹거리 체계에 무방비로 노출되면서 다중적 위기를 맞이하고 있다. 농업·농촌의 상황을 보여 주는 몇 가지 지표는 농업·농촌의 지속가능성 문제를 심각하게 제기하고 있다. 대표적 지표인 식량자급률은 45.8%(2020년 기준)로 OECD 국가 중에서 최하위에 속한다. 특히 곡물 자급률이 20% 미만으로 쌀을 제외한 대부분의 곡물을 수입에 의존하는 취약한 구조이다.

농가 인구의 감소는 농촌 사회 재생산의 위기를 극명하게 보여 준다. 농가 인구는 계속 감소해 총인구의 4.2%에 이르렀다. 농가 인구 감소는 고령 인구의 급증과 청년층의 급감이라는 양극화로 나타나며, 2022년 현재 농가 인구의 절반이 65세 이상에 해당한다. 연령 대별 농가 인구의 성별 격차도 주목할 부분이다. 50세 이하의 모든 연령층에서 여성 농민의 수가 남성 농민의 수에 비해 적다(통계청, 2022). 특별한 조치가 없는 한, 한 세대만 지나면 여성 농민은 박물관에서나 만날 수 있는 희귀한 존재가 될 거라는 말이 실현될지도 모른다.

농업·농촌이 처한 위기 상황의 배경에는 성장주의적 압축적 근대화, 그리고 세계화에 의한 농업 구조의 변화가 놓여 있다. 1960년대 미국산 밀의 대량 원조와 저곡가 정책이 맞물리며 영세한 가족농의 대규모 탈농을 부추겨 도시의 산업예비군을 형성하도록 했다. 한국의 개발주의 농식품 체계는 대량생산을 위해 화석연료와 화학제 투입에 의존하는 관행농을 확산시켰으며, 경종과 분리된 공장식 축산을 확대함으로써 환경문제를 불러일으키고 있다. 1980년대 이후에는 미국의 요구에 따라 농산물 개방이 시작되었고, 세계화 흐름에서 한국 농업 구조는 이원화되는데, 주로 고령층 농민에 의해 미곡 부문이 유지되고 다른 한편으로 상업화·전문화된 채소, 과일, 축산업이 발달하는 이중 구조가 고착되었다. 우루과이라운드와 1995년 세계무역기구의 출범에 따라 농업 보호정책이 무너졌고, 한국인의 먹거리는 국제무역에 의존하게 되었으며, 기업 식량체제가 한국인의 먹거리 소비 시장을 지배하게 되었다(김철규, 2020).

농업은 근대화, 기계화, 전문화, 화학화, 자본화되는 양상으로 변

정숙정

화하고 있으며, 농민은 신자유주의적 시장 경쟁의 압박을 받고 있다. 농업이 점점 더 자본에 편입되고 소농의 존속이 어려움에 처한 상황에서 주로 소농, 가족농에 속한 여성 농민들의 삶의 경험은 어떠하며 어떤 의미를 가지는가? 이 글은 교차적 관점에서 여성 농민의 특수성을 조명함으로써 '여성' 또는 '농민'이라는 정체성에 일치하지 않는, 여성 농민만의 고유한 불평등 경험과 주체성에 다가서는 것을 목적으로 한다. 젠더와 계급의 어느 한 축을 중심으로 하는 주류 페미니즘, 농민운동, 성평등 정책과 농민 정책에는 여성 농민의 특수성이 충분히 고려되지 않는다고 보고, 성별과 계급이 교차하는 지점에서 여성 농민의 경험에 주목하고, 여성 농민이 재현하는 정체성을 여성 농민의 목소리를 중심으로 살펴보고자 했다.

구체적인 내용은 다음과 같다. 첫째, 여성 농민이 스스로 규정하는 '여성 농민으로 산다는 것'은 어떤 경험을 포함하는지에 대하여 살펴보았다. 둘째, 여성 농민 정체성을 구성해 나가는 담론화 과정을 정치적인 실천으로 보고, 40~60대 여성 농민 세대가 '농촌 할머니'로 전형되는 이전 세대 여성 농민의 정체성을 재현하는 과정을 실천적 의미의 맥락에서 파악하고자 했다.

연구 기법으로 근거 이론에서 활용하는 개방코딩을 사용해 여성 농민이 쓴 수기 형식의 칼럼을 분석했다. 분석 자료는 2016년 3월부터 2020년 2월까지 4년 동안 『한국농정신문』의 '여성 농민으로 산다는 건'이라는 코너에 연재된 총 122편의 칼럼으로서 40~60대에 이르는 여성 농민들이 자신 삶의 경험과 의미를 수기 형식으로 기술한 것이다. 이 칼럼에서 개념어를 도출하는 과정을 거쳐 752개(중복 포함)의 세부 개념을 도출했다. 또 칼럼 형식의 텍스트의 한계를 보완하기 위해 칼럼 저자 8명 중 인터뷰가 가능한 저자 6명과 인터뷰를 진행했다.

이 글에서는 기후위기로 더욱 심각해지고 있는 농업·농촌의 다중적 위기와 불평등 경험을 다루었으며, 성별화된 노동과 제도적 차별에 대해서도 다루었다. 또한 그간 가부장제 피해자로 여겨졌던 '할머니'에 대한 새로운 재현과 여성 농민의 새로운 정체성 모색에 대하여 논의하고 그 실천적 의미를 파악했다. 마지막으로, 소농으로서 여성 농민이 실천하는 자급적 삶이 가지는 사회적, 생태적 의미를 고찰하였다.

농업·농촌의 다중적 위기와 불평등

여성 농민의 칼럼에는 농업의 위기와 농업정책에 대한 실망감이 분명하게 드러나고 있다. 고투입 고비용의 농업, 기업 중심의 유통구조, 먹거리에 대한 철학 부재, 종자와 전통 지식의 상업화로 농업의 지속가능성은 희박해지고 농민의 삶도 피폐해지고 있다. 보호 장치 없는 개방 농정, 농민의 인권과 삶의 질에 무관심한 농정, 현실과

정숙정

괴리된 탁상 농정을 특징으로 하며 전반적으로 실패했다는 게 여성 농민의 평가이다. 또한 선거철에만 '농민의 아들'이라고 하고 선거가 끝나면 아무런 관심도 없는 정치인, 농민을 소외시키는 협동조합의 부패한 리더에 대한 불신도 나타났다. 그 결과 농업 기피와 탈농이 증가하고 여성 농민 스스로도 자식들이 농사를 짓기를 바라지 않는 현실에 이르렀다.

농업의 위기는 농민 삶의 위기로 연결된다. 여성 농민의 글에는 농사일의 고충, 경제적 고충과 몸 아픔이 주요한 경험으로 드러나고 있다. 농민은 가격 경쟁력을 갖추기 위해 점점 규모를 늘려야 하고 그에 따라 더 많은 일을 해야 하는 자기 착취적 상황에 직면했다. 육체가 무리에 가는 장시간 노동, 혹한기와 혹서기에 노동하며, 계절적 노동의 중압감을 견디며 일한다. 미세먼지 속에서 일하고 야생동물과 농기계 사고 등 농산업 분야만의 특수한 위험에 노출되기도 한다.

고된 노동에도 불구하고 농산물 가격 불안과 고투입 고비용으로 인해 농업 소득은 보장되지 못한다. 2022년 기준 농업 소득은 10년 만의 최저치인 949만 원에 불과하다(통계청, 2023). 농민은 아이러니하게도 농사를 유지하기 위해 다른 일을 해서 농사에 드는 비용을 마련해야 하는 상황이라고 말한다. 농가 소득만으로 생계를 유지하기 어려운 여성 농민들은 주변적 노동자로 고용되어 저렴한 노동력으로 활용되고 있다. 요양보호사, 방과후교사, 급식 조리원, 아이 돌보미 등 돌봄노동 일자리, 다른 농장이나 가공 공장의 저임금 일자리를 선택함으로써 탈농 경로가 만들어지기도 한다.

기후위기는 농민의 생존권과 건강권을 심각하게 침해하고 있다. 김흥주 외(2018)의 연구에 따르면 친환경농업인 교육에 참여한 생산자 534명 가운데 75.3%가 향후 기후변화의 부정적 영향을 인지하고 있었다(김흥주·안윤숙, 2018). 또 「기후위기와 농어민 인권에 관한 실태조사」에 따르면 기후변화로 인한 농업 부문의 피해는 3.28점(4점 만점)으로 높았으며, 기온 상승으로 인한 병해충 발생 증가(3.38점), 풍수해로 인한 농작물 피해(3.36점)의 순이었다. 반면 농어민의 대응 능력은 1.87점(4점 만점)으로 낮았는데, 특히 농어업 재해 대응 능력(금전적 능력, 에너지 사용 능력, 지원정책 접근 능력)은 여성이 남성에 비해 유의미하게 낮은 것으로 조사되었다(김흥주·김종철·송원규·신강협·이현진·정숙정·진주. 2022). 기후위기 대응력의 성별 격차를 고려하면 여성 농민은 기후위기에 가장 취약한 집단이다.

기후위기는 기계와 시설 기반이 취약한 소농에게 더 심각한 피해를 야기한다. 기후변화에 대응하기 위해 일부 농민들은 건조, 가공, 저장 시설을 확충하고자 하며 투입을 늘리고 있다. 기후변화에 대응해 투자한 시설비를 회수하기 위해서 농가는 규모를 늘려 생산단가를 낮추는 시도를 한다. 한편 투자가 어려운 소농의 경우에는 피해를

정숙정

감내하거나 탈농하기도 한다(정숙정, 2019).* 여성 농민은 자본이나
기술·시설적인 측면에서 동원 가능한 자원이 취약하기 때문에 기후
위기에 더욱 취약할 수밖에 없다.

　기후 재난은 경제적 피해와 동시에 기후변화 취약 계층인 농민들
**의 건강을 악화시킨다. 우리나라 폭염 일수는 증가하고 평균 최고
기온도 상승 추세이다. 폭염 중 농업 활동으로 인해 매년 다수의 온
열질환 사망자가 발생했으며, 지난 5년간 총 32명의 인명 사고가 있
었다. 농촌진흥청이 발표한 「2022년 농업인 업무상 질병 현황」을 보
면 여성 농민의 업무상 질병 유병률은 6.3%로 남성 농민 4.5%에 비
해 높다. 야외 손노동이 많은 고령 여성들의 경우에는 밭 작업 시 병
해충에 노출되는 경우가 많다(농촌진흥청, 2023). 농업인 안전보험 청
구 자료를 분석한 자료에 따르면, 2016년부터 2020년까지 쯔쯔가무
시증이 발생한 농업인은 4,765명이며, 여성의 연령표준화 발생률은
10만 명당 158.7명으로 남자 89.4명에 비해 많이 발생했다(최동필·김

---

* 정숙정(2019: 80)은 기후변화에 따라 곶감 농가의 시설 규모화와 대형화가 촉진되고 소농의
　폐업이 증가하는 것을 확인했다. 2015년 여름 가뭄에 이어 11월 평년 대비 2배의 강우량으로
　인해 원료 감 생산량이 전년 대비 62%로 줄었으며, 건조 과정에서 이상기후에 따른 손실이
　있었다. 이로 인해 총 4,481개 농가 중 869개(19.3%) 농가가 이듬해 곶감 생산을 중단했다.
** 기후변화 취약 계층은, 첫째 특정 기후 노출이 심한 지역에 거주하며, 둘째 기후노출에 상대
　적으로 민감하게 반응하고, 셋째 해결 능력이 떨어지는 계층으로 정의된다(하종식·정휘철,
　2014). 이러한 정의 기준에서 볼 때 농민은 기후변화 취약 계층에 속한다. 기후변화는 농민이
　나 어민처럼 천연자원에 의존해 생계를 유지하는 사람들에게 더 강한 영향을 미친다(Symon,
　Arris, & Heel, 2005; Doherty and Clayton, 2011에서 재인용).

경수·이민지, 2022). 즉 여성 농민은 기후위기로 인해 더욱 더 많은 건강 침해를 받는다.

닉 오브라도비치(Obradovich, 2018)는 기후변화가 정신 건강에 영향을 미치는 것을 실증적으로 밝혔다. 평균 섭씨 30도를 넘어선 지역에서 스트레스, 불안, 우울 등이 0.5% 증가하는 등 기후변화는 생산성, 인지 기능, 감정 조절 등에 부정적 영향을 끼친다. 기후변화가 농민들의 건강에도 영향을 끼친다는 사실이 명백하지만, 이에 대한 연구나 정책은 미흡한 편이다(Berry et al., 2018). 이 글에서 분석한 칼럼에는 불확실한 기후로 인해 여성 농민들이 겪는 불안과 우울감이 명백히 자주 드러났다. 날씨의 변화를 예측하고 절기에 맞게 농작물을 심고 수확하며 살아 온 농민들은 최근 들어 절기에 맞지 않는 이상 기후를 더 자주 관찰하게 된다. "엄동설한이 없는 따뜻한 겨울", "오뉴월에 내리는 우박", "가을 장마", "처서에 내리는 비", "백로에 오는 태풍"에 직면하여 분노, 걱정, 의아함, 우울함, 절박함, 체념, 지겨움과 같은 부정적 정동을 호소하고 있다.

이렇듯 기후위기로 인해 농어촌 여성들의 건강권이 침해되고 있으나 건강권 확보를 위한 조치는 매우 미미하다. 여성 농민의 권리와 차별 철폐에 관한 내용을 담고 있는 국내법은 '여성농어업인 육성법'이 있는데, 노동권, 안전권, 건강권, 사회보장 관련 규정이 있으나 건강권 세부 규정이 미미하고, 건강검진 수준에 머물러 있어 건강 격차 해소, 기후 재난으로 인한 건강권 상실 시 회복에 관한 권리 보장은 어렵다. 농어업인 안전보험 제도는 산재보험의 대체 역할을 하는 것으로서 1년 단위 재가입, 온열질환 위주의 낮은 보장제도가 쟁점이 되고 있으며, 21년 기준 농업인 안전보험 가입이 66.5%, 어업인 안전보험이 47.8%에 불과하고, 여성의 가입율은 남성에 비해 더 낮다. 또한 경영체 등록 제도의 한계로 인해 여성 농어업인을 배제하는 사각지대가 있다는 점이 문제점으로 지적되고 있다.

성별화된 노동과 제도적 차별

여성 농민의 노동에는 성별화된 규범이 적용되고 있다. 여성 농민의 노동에는 돌봄 규범이 여성적 덕목으로 작동하며, 여성 농민들에게는 어머니로서 희생이 당연한 듯이 요구되기도 한다. 여성 농민의 가족 내 모성노동은 마을로 확장된다. 여성 농민들은 농산물 생산, 가족 돌봄 외에도 공동체를 돌보고 유지하고 있다. 농촌의 고령화가 심각해지면서 돌봄이 필요한 노인들이 늘어나고 있어 상대적으로 건강한 여성 농민들은 마을 공동체 돌봄에 있어 여러 가지 역할을 담당하고 있는 현실이다.

모성 노동의 확장으로서 여성 농민이 수행하는 생산, 재생산 노동은 대부분 그림자 노동으로 존재한다. 여성 농민이 어머니, 며느리로서 수행하는 농사일과 가사일을 관통하는 특징인 '비가시성'은 그간의 여성 농민 연구에서 오랫동안 지적되어 왔던 문제이다. 1980년대 이후 농촌 여성 연구의 대부분은 농촌 여성의 열악한 지위를 드러내고 여성들이 수행하는 농업노동과 부업 등 생산 기여 정도를 드러내는 데 집중되었고(조옥라, 1992), 여성들을 무급가족종사자가 아닌 유급 노동자 위치로 끌어올리기 위한 정책과제를 제시했다.

일터와 삶터가 연결된 공간 배치는 여성 농민 노동을 비가시적으로 만드는 데 일조한다. 일반적인 임금노동자는 집과 분리된 일터로 출근함으로써 생산과 재생산 영역을 구분하고 노동을 가시화한다. 그러나 여성 농민이 수행하는 농사일은 공간과 시간 차원, 일감의 성격에서 가사와 명확하게 구분되지 않는다. 수확물 타작이나 건조, 농산물을 다듬어 말리고 저장하고 가공하는 일이 집에서 이루어진다. 명절이나 제사 때 쓸 나물을 따고 다듬고 데쳐서 말리고 저장하는 일, 김장, 장담그기 등의 일은 밭에서 시작되어 집 안에서 마무리된다. 일터와 삶터가 연결되어 있고 농사일과 집안일이 맞물려 있다.

한편 계절적 노동의 특성으로 인해 가중된 노동 부담을 안기도 한다. 여성 농민의 노동은 농작물의 생육 상태와 기후에 따라 조직되고 계절적으로 집중된다. 적기를 놓치면 한 해 농사를 망칠 수 있는 농작업 특징 때문에 집약적 노동이 필요한 시기에는 가사와 병행하는 데 무리가 따르며, 휴식을 통한 재충전이 보장되지 않는다. 여성 농민의 글에는 "늦게까지 일하니까 식사 준비가 힘들다", "종일 일하다 보니 집이 엉망이다", "다쳤을 때 소 밥도 주고, 농사도 하고, 집 청소

정숙정

도 해 줄 사람이 필요하다"는 호소가 드러나고 있다.

여성 농민이 아무리 많은 일을 해도 "남편을 거드는 농사일 보조자"로 인식하게 만드는 농촌의 성차별적 관행이 비판받고 있다(박지은, 2020:87). 농촌 사회에는 농가 남성을 가족의 권리를 대표하는 대리인으로 여기고 여성 농민은 가족 구성원으로만 여기는 차별적 관행이 유지되고 있다. 일반적으로 농지가 아버지에게서 아들로 승계되는데, 이러한 관행은 가족농 내 남편의 통제, 소유권을 강화하는 효과를 발휘한다. 또 남편이 농가를 대표하는 얼굴이고 조합 활동이나 교육, 세미나에 대표로 참석하는 관행도 있다(Brandth, 2001).

기계와 남성을 결합하는 담론은 힘들거나 숙련된 일을 남성적 속성으로 규정함으로써 남성 우위를 유지하는 데 기여한다(Brandth, 2006). 남성성은 전통적으로 기계와 깊은 연관을 지니며 남성은 종종 기계에 매료되곤 한다(와츠맨, 2001: 268-269). 농기계 회사는 남성 농민들에게 남성성을 드러내고자 하는 욕망을 부추기는 판촉 전략을 사용한다. 이런 판촉 전략은 힘이 센 농기계와 남성 농민을 등치시키고 종종 여성을 성적으로 대상화하거나 지배하는 남성의 이미지를 만들어 냄으로써 남성성을 과시한다.* 농기계 구매는 농가 부채 등

---

* 농기계 회사 '대호'는 농기계를 남성의 상징으로 두고 여성의 신체를 '논둑'으로 비유하는 등 여성을 성적 대상화하는 광고를 냈다. 이에 전국여성농민회총연합의 비판을 받고, 2018년 5월 30일 『한겨레』에 사과문을 냈다. 한편 2022년 10월 14일부터 16일까지 제천에서 개최된 농기계 모터쇼는 농사용 트랙터 이미지와 성적 매력을 강조하는 10명의 레이싱 모델 사진을

가계 부담으로 이어져 농민들이 더 많은 노동을 하게끔 만든다. 한편 여성 농민은 여성이 기계를 다룰 능력이 없는 것이 아니라 농기계가 여성에게 맞지 않도록 개발되었다고 비판하며, 소형 농기계, 자동 농기구 등 여성 친화적 농기계 개발이 필요하다고 주장하고 있다.

남성을 농가의 대표로 보는 인식에 근거해 설계된 농업정책은 여성 농민을 정책적으로 배제하는 결과는 낳고 있다. 각종 농업정책에서 농가 남성을 가족의 권리를 대표하는 대리인으로 여기고 가족종사자로 자리잡는 방식이 일치되게 나타나고 있다. 이와 관련해 가장 쟁점이 되는 것이 농업경영체 등록제도이다. 농업경영체 등록제도는 농가를 기본단위로 설계되었고, 경영주와 경영주 외 농업인을 구분하게 함으로써 남성이 농가를 대표하고 여성 농민은 남편을 보조하는 것으로 인식되게끔 한다.

여성 농민도 남성 농민과 동등하게 경영주로 인정할 수 있게 하려는 취지로 2016년 3월 '농어업경영체 육성 및 지원에 관한 법률'의 시행규칙을 개정함으로써 여성 농민의 공동경영주 등록제도가 도입되었으며, 2018년부터는 배우자의 동의 절차 없이 공동경영주 등록이 가능하도록 개정했다. 그러나 겸업 소득이 있는 경우 공동경영주로는 등록하지 못하게 하는 등 성차별적 요소가 남아 있다. 실제 공

배치해 홍보함으로써 여성을 성상품화하고 차별한다는 비판을 받았다.

정숙정

동경영주로 등록이 가능할 것으로 예상되는 여성 농민 가운데 공동 경영주로 등록한 비율은 2022년 11월 말 기준 27.9%에 그치고 있어 실효성의 문제가 제기되기도 했다.

더 큰 문제는 농민 수당, 소농 직불금 등 농업인 정책 시행 시 행정적으로 농업경영체에 등록된 농업인에 국한해 시행하는 기조를 유지함으로써 제도상 등록이 누락된 많은 여성 농민들을 정책 대상에서 배제한다는 것이다(박민선·정숙정, 2022). 예를 들어 농작물재해보험을 포함한 현행 재해 보장 제도는 '농업경영체에 등록한 개인 또는 법인'을 대상으로 사업을 한정하고 있어 농업경영체 등록이 어려운 여성 농민을 체계적으로 배제하고 있다. 이는 농업경영체 등록제도의 성차별성에서 기인하는 것으로서, 2020년 농어업·농어촌 특별위원회 농어촌여성정책특별위원회는 「여성 농어업인의 지위 향상을 위한 법제도 개선 연구」를 통해 농업경영체 등록 제도를 비롯한 농가 단위 정책(예를 들어 농민 수당, 소농 직불금)이 여성 농민을 체계적으로 정책에서 배제하고 있음을 지적하고 개선을 촉구하였으나 이에 상응하는 정부의 조치는 이루어지지 않고 있다.

제도적 성차별은 귀농·귀촌 정책에서도 나타나고 있다. "귀농귀촌 지원 조례를 제정한 138개 지역 중 49개 지역 조례가 귀농·귀촌인을 다인 가구(부부 이상)로 제한하고, 정책 대상을 세대주로 규정"하는데, 부부 동반 귀농·귀촌인 경우에만 정책의 대상이 된다고 한정한 것이다(이순미·채홍기·김정섭·김소희, 2022). 이는 귀농·귀촌 가구의 약 75%를 차지하고 있는 1인 가구는 배제한다는 점에서 문제가 되며, 최근 증가하는 여성 귀농·귀촌 경향을 역행한다.

'할머니' 정체성 재현과 새로운 정체성 모색

여성 농민들의 칼럼에는 '당골댁', '용두댁', '부송댁', '금곡띠기', '남산 아지매'와 같이, 이름 대신 택호(宅號)를 쓰는 할머니들에 대한 이야기가 자주 등장한다. 또 "밭고랑 사이사이 풀을 매는 할머니", "'가슴에 피'를 앓고 있는 옆집 할머니", "약장수를 따라 다니는 할머니", "옆집 할머니" 등 '온 동네 할머니'들의 삶에 대한 이야기가 있다.

여성 농민들이 마주하는 할머니들의 삶은 고생스러움과 사회적 무시로 점철되었다. 여성 농민의 서사에서 할머니들은 "호미를 들고 쪼그려 앉아서 일만 하는 사람", "사위 눈치 보기 바쁜 사람", "가난하고, 혼자서 밥을 먹기 일쑤인 외로운 사람", "한평생 남편 때문에 고생하는 사람", "아프지 않은 데가 없는 종합병원", "이름이 없는 사람", "헌신적인 어머니"로 등장한다. 가족농 내의 여성 농민은 '생산자', '농업인' 등 사회적 존재가 아니라, 엄마, 며느리와 같은 가족 내 구성원으로만 드러난다. 가족농 내의 여성 농민은 "끊임없이 희생이 요구되는 어머니", "1년 365일 가족의 끼니를 책임져야 하는 어머

정숙정

니, 며느리라는 이름"으로 불린다. 또 "시어머니, 친정어머니의 몫이었던 일이 슬그머니 며느리의 몫으로 전환"되면서 "여성이기에 어머니이기에 며느리이기에 해야 하는 많은 노동들"이 부과된다. 그런데 여성 농민은 할머니들의 고난에만 관심을 가지지 않고, 자본주의적 가부장제에 대항하는 주체적 행위자로 재해석하였다. 여성 농민은 그동안 '농촌 아낙', '농촌 부녀'로 불렸던 할머니들의 삶의 양식이 지니는 가치를 새롭게 발견하였으며, 할머니들을 전문적 지식과 실천 양식을 가지고 생태적 가치를 실천하는 행위 주체로 재현했다.

또한 여성 농민들은 할머니의 삶으로부터, 체득된 지식으로서 전통적 생태지식과 생명에 열려 있는 감수성을 발굴했다. 할머니들은 모성적 사유를 내면화하고, 자연과 일치된 생태적 삶을 살며, 해박한 생태 지식과 실천 기술을 가지고 먹거리를 주관한다. 이렇게 할머니를 긍정적으로 해석함으로써 여성 농민들은 스스로에 대한 새로운 정체성을 만들어간다.

여성 농민은 자신의 정체성도 주체적이고 능동적으로 자급적 삶을 실천하는 행위자로 그려 냈다. 여성 농민은 "아무도 알아주지 않는 농사"인데도 농사를 포기하지 않는다. 여성 농민들은 고된 노동을 피해야 할 일로 보지 않고 생존과 생계를 위해 필요한 것으로 받아들인다. 여성 농민은 자신의 노동을 통해 생명을 키우고 자식을 먹이고 살리는 일에서 보람을 얻고 자긍심을 느낀다. 여성 농민에게 있어 농사일은 자녀의 생명을 보호하고 성장을 촉진하는 모성 노동의 연장선상에 있는 것으로서 "누군가를 먹여 살리는 일"이다.

여성 농민들은 모성적 덕목을 내재화하고, 생산 활동에 '먹여 살리는 일'로서의 모성적 가치를* 부여한다. 상품으로서 먹거리를 생산하는 생산자와는 달리, 여성 농민은 먹거리 생산 활동을 모성의 발현으로 규정함으로써 농사일에 대한 규범적 동력을 확보한다. 여성 농민에게 있어 농사일은 생명을 보호하고 키워서 도시민을 먹여 살리는 일을 의미한다. 여성 농민들은 농산물을 자식을 키우는 마음으로 키워 내는 이러한 생산 과정을 '생명 농사'라 불렀다.

여성 농민의 모성 가치는 공동체적 대안을 실현할 가능성을 지니고 있다. 개인의 인격과 매력까지도 상품화되는 소비자본주의가 심화되고 있지만 여성 농민은 돈으로 교환되지 않는 노동을 하고, 특별

---

* 사라 러딕(Ruddick, Sara)은 여성들이 어머니 일을 수행하면서 배려 깊은 사랑의 사유와 돌봄 능력을 갖는 방향으로 성장할 수 있다고 보았다. 러딕은 어머니가 자녀의 요구에 반응하는 어머니 일을 수행하면서 '어머니 사고방식' 즉 모성적 사유를 갖게 된다고 했다. 어머니의 일은 자녀의 생명 보호, 성장, 사회적 수용성이라는 세 가지 관심에 의해 지배된다. 어머니는 모성 노동을 수행하면서 미덕 개념을 발전시킨다. 연약한 생명을 접하면서 겸손과 명랑함을 어머니 일의 미덕으로 인식하고, 또한 변화에 열려 있는 자녀들을 키우면서 변화에 대한 감응성을 키운다. 어머니들의 겸손, 쾌활함 현실감, 인간에 대한 존중, 성장에 대한 감응성은 본질적인 것이 아니라, 어머니가 스스로 자기 행동을 해석하면서 능력과 미덕으로 개발한 것이다. 또한 모성적 사유는 상대적으로 불변하는 자녀의 요구에 반응하면서 나타났으며, 억압적 상황을 극복하고 배려와 사랑이라고 하는 돌봄의 덕목을 창출할 수 있다. 이는 모성을 여성이라면 누구나 갖는 생물학적인 본성으로 보는 시각과는 다른 것이다. 사라 러딕이 말하는 '모성적 사유'는 어머니들이 연약한 존재인 자녀에게 관심을 쏟고 아이의 성장에 따라 달라지는 돌봄 일을 수행하면서 개발될 수 있는 능력이다. 이러한 능력은 분명 사회로 확장되어야 할 가치가 있다(러딕, 2010).

정숙정

한 보상이 주어지지 않는데도 가족과 공동체를 돌본다. 상품화를 겨냥한 농사가 아닌 생명 농사를 짓기에 여성 농민은 자본에 편입되지 않은 주체적 존재가 되며, 여성 농민이 생산한 농산물은 화폐로 교환되더라도 그 이상의 가치를 지닌다. 이것은 그 자체로 자본주의 시장 경제에 저항하는 일이다.

여성 농민이 재현하는 할머니는 생태적 지식으로 농적 활동을 실천하면서 생물다양성을 보전하는 존재이다. 여성 농민의 서사에서 할머니들은 토종 씨앗을 지키는 사람, 그 씨앗을 자식 돌보듯 키우고 그 생산물로 자식을 먹여 키우는 어머니, 하늘만 보고도 날씨를 예측하고 먹을 것과 먹지 못하는 풀을 정확하게 구별하는 생태 지식을 가진 사람, 정갈한 텃밭에 다양한 채소를 풍성하게 키워 내는 자급자족적 사람, 주변적인 존재들과 관계를 맺고 보살피며 공동체를 아우르는 생태적 존재로 재현된다.

여성 농민이 재현하는 할머니의 정체성은 '생물문화다양성' 개념으로도 포착된다. 생물문화다양성은 생물다양성, 언어와 문화다양성* 간 긴밀한 상호지지적 연계를 밝히는 개념이다(Skutnabb-Kangas,

---

* 생물문화다양성(biocultural diversity)이라는 개념을 창안한 유네스코(2003)에 따르면, 생물다양성(biodiversity)은 지구상 생명 유기체의 총체적 다양함을 일컫는 용어로서 생물학자들은 생물다양성이 변화에 적응하고 기후 변이, 자연재해, 해충의 만연 등 파괴적 조건을 견디고 환경을 회복하게 한다고 말한다. 전 세계 생물다양성이 심각한 위기에 처해 있다. 생물다양성 손실은 동식물 서식지를 파괴하는 개발, 토착 생태계에 해를 입히는 외래종의 유입 등 인간의 활동이 주요 원인이 된다. 한편 문화와 언어는 다양한 인간들의 정체성을 규정하

Maffi & Harmon. 2003). 생물을 자원으로 활용하면서 살아온 인간은 생물과 결부된 생물 지식을 창조해 왔다. 농사일뿐 아니라 김장 담그기, 장 담그기와 같은 먹거리 기술 역시 생물지식이며 이러한 지식의 체계가 생물문화를 구성한다. 인간은 생물문화 속에서 생물을 이해하고 생물과 관계한다.

그런데 여성주의 관점에서는 근대 과학기술의 발달과 함께 생물학의 지식과 기술이 여성과 자연은 물론 사회 약자 집단을 효과적으로 착취하고 지배하기 위한 수단으로 악용되었다고 본다. 여성주의 입장 이론(feminist standpoint theory)은 자연계와 생명계를 체험하고 이해하는 데에서 인식론적 우위를 갖는다고 보며, 이러한 우위성에 근거해 근대과학의 가부장제 자본주의의 시각과 관점에서 벗어나야 한다고 제안한다. 그러나 이러한 여성주의의 입장은 백인 여성의 경험을 전부의 것으로 일반화하고 가부장적 이분법에 따라 여성의 우위성을 주장하는 모순을 가진다는 비판을 받기도 했다. 이에 비해 여성주의 포스트모더니즘 입장을 취하는 학자들은 '과학의 객관성'이 강자의 지배를 정당화하거나 은폐하는 이데올로기로 기능해 왔다고

는 기초이다. 생물학적으로 인류는 하나의 종이지만 인간으로서 우리의 역사는 호모 하빌리스(Homo habilis)가 나타난 이래로 새로운 환경과 기후에 즉응하면서 다양화를 특징으로 가지고 있다. 생물다양성과 문화 언어다양성은 상호관계에 있고 중첩되어 나타난다. 생물다양성을 보존하는 지혜가 언어와 문화에 담겨져 있다. 다양한 언어와 문화에 담겨 있는 전통적인 지식, 문화 유산을 지원하는 것은 환경 보존과 지속가능한 발전에 있어 중요한 의제가 되어야 한다(Skutnabb-Kangas. Maffi & Harmon. 2003).

정숙정

비판하고, 현장 중심의 체험 지식(situated knowledgd)을 창안했다. 현장 중심 체험 지식은 일상 삶이 영위되는 특정의 현실과 생활에서 구체적으로 체현되어 나온 특수하고 부분적인 지식이고 기술이다(금인숙, 2016: 71-78).

여성 농민의 노동과 지식의 원리는 '다양성'으로서, 여성 농민이 수행하는 비가시적 다중적 역할은 다양성과 관계성의 토대에서 수행된다. 가족농으로서 여성 농민의 농적 활동은 가사, 육아와 농사, 자급자족과 상업적 활동, 내 집과 마을 또는 지역사회를 넘나들면서 다양한 관계 속에서 수행된다. 여성의 일은 경계를 짓거나 계량화하기에 너무 많고 다양하다. 생태여성주의(에코페미니즘)의 선구자로 알려진 반다나 시바(shiva)는 "다양성의 논리는 생물다양성과 여성이 이에 대해 맺고 있는 관계에서 가장 잘 이끌어 낼 수 있다"고 주장한다. 시바는 가부장적 진보 모델에 기반한 농업 '개발'은 생물다양성을 파괴시키며, 이러한 파괴적 개발의 과정이 여성의 주변화와도 관련이 있다고 말한다. 생물다양성을 개발하고 보존하려는 여성 농민들의 역할이 비노동, 비지식으로 치부되어 왔지만, 여성 농민들의 노동과 전문적 식견은 정교한 문화적·과학적 전통 지식에서 나온 것이다. 여성들의 종자 보존은 식물 세계뿐 아니라 지구와 사회 전체의 다양성과 균형의 재생을 상징하는 것이다(시바: 207-212).

다양성은 지속가능한 농업 실천에 있어서 핵심적인 문제이다. 단작, 기계화, 대규모 영농과 특화된 생산이 지배적인 영농 양식으로

자리하면서 생물다양성이 감소하고 있다. 농작물에 피해를 주는 병해충의 증가는 생태 방어 시스템이 무너지면서 생기는 환경 위기의 징후이다. 생물다양성을 통해 얻는 생태적 서비스를 상실할 때 경제적으로나 환경적으로 큰 비용을 치르게 된다. 그런데 생명과학을 주창하는 종자회사들의 영향으로 농민들은 종자와 종자를 키우는 데 필요한 화학제에 종속된다. 이러한 관행 농업의 대안으로, 전통적 생태 지식을 가지고 다양한 작물을 재배하는 농생태학적 접근이 지속가능한 농업으로 주목되고 있다(윤수종, 2018).

헤더 로저스(2008)는 생태농이 풍성한 수확과 높은 삶의 질을 보장할 수 있는 농업으로 검증되고 있으며, 건강한 생태계에 필수적인 생물다양성을 증진시키는 지속가능한 농경법이라고 말한다. 그런데 생태농을 실천하는 소농들은 산업적 농업에 유리한 유통망과 가공 시설 운영 등에 가로막혀 자기 인건비조차 벌어들이지 못하는 경우가 많다. 이를 해결하기 위해 농산물에 적절한 가격을 보상하는 유통망을 만들고 적절한 가공 시설을 활용할 수 있는 기반을 마련해야 한다(헤더 로저스, 2008: 313-315).

할머니 정체성은 생물문화다양성을 보존하는 존재로 재현되고 있다. 여성 농민은 종자를 지키고 생태적 지식을 활용해 다양한 작물을 재배하고 생태질서에 해를 끼치지 않는 방법으로 생물자원을 활용하는 지혜를 가진 존재이다. 여성 농민은 농적 감각으로서 전통적 생태 지식을 몸으로 체득한 존재이며, 현지의 생물다양성을 보존하는 풍부한 생물 문화를 담지한 토착민이다. 토종 씨앗 지키기 사업, 텃밭 꾸러미 사업, 생태농 실천 사업은 생태적 감수성을 가지고 가족 먹거리를 주관하며 씨앗을 간수해 온 할머니들의 정체성 중 생물문화다양성 보존자로서 정체성을 구체화한 사업이다.

여성 농민들이 할머니들에게 생물문화다양성 보존의 가치를 내재화한 정체성을 부여하는 것은 획일성과 동질성, 상업성을 추구하는 가부장제 자본주의 농업 개발에 저항한다는 의미에서 대안적이고 실천적이다. 여성 농민들은 도시민을 먹여 살리는 생산자로서 자긍심, 가족에게 먹이는 마음으로 텃밭을 가꾸는 생태적 모성의 가치를 실현하는 존재로서 자긍심을 가지고 있다. 여성 농민은 전통문화와 토착 지식을 간직하며 공동체를 유지하는 존재, 생태감수성을 가지고 생물다양성을 유지하는 존재로서 자긍심도 살려 낸다.

나가며

농업·농촌의 다중적 위기에 직면해, 여성 농민의 새로운 정체성은 생태 위기를 가속화하는 소비자본주의에 대한 저항의 가능성과 자급에 기초한 돌봄 공동체의 대안을 보여 준다. 할머니 정체성을 통해 재현되는 여성 농민은 먹거리를 생산하고 주관하는 생산자, 생명을 보듬고 먹거리를 나누면서 양육하는 어머니, 생태 감수성을 체현한 생태적 존재, 씨앗을 지키고 전통 지식을 전수하며 공동체를 유지하는 생물문화다양성의 담지자로서 가부장적 소비자본주의에 대항하는 해방적 가치를 지닌 존재로 갱신된다.

토종씨앗 사업, 텃밭 꾸러미 사업, 로컬푸드 운동과 생태농 운동은 할머니들로부터 갱신한 여성 농민의 정체성을 기반으로 한 대안적 실천이다. 언니네 텃밭 사업은 "우리 식구가 먹는 것처럼, 우리 식구가 먹는 텃밭에서 생산한 농산물을 도시로 보낸다"는 의미를 지닌다. "텃밭은 가족의 식탁을 차리기 위해 전통적으로 경작해 온 소규모 밭"이다. 텃밭 꾸러미 사업은 가족농의 먹거리를 책임지는 모성을 사회적으로 확장해, 도시민에게 정직한 먹거리를 제공한다는 의미를 담고 있으며, 텃밭 생산자인 여성 농민은 기업 식량 체제에 대항해 대안을 마련하면서 먹거리 주권을 실천하는 주체적 존재가 된다.

이 사업은 여성의 지위, 역할 중요성을 강조한다. 아시아 공통으로 농촌에서 여성은 농업, 가사, 돌봄노동을 하고 있으나 여성 농민의 사회적 지지는 남성에 비해 취약했다. "여성 농민들이 직접 생산하고 계획하고 활동한다"는 것을 전면에 내세웠다. 사업의 효과는 첫째, 이전에는 농사일만 했지 주도적이지 못했는데, 내 밭에 대해 작목, 농사법, 판매법을 직접 결정하게 되고 친환경 농사법을 함께 공부하면서 주체적인 존재가 된다는 것, 둘째 이전에는 농산물 판매 수익을 대부분 남편

정숙정

이 가져갔으나 월급처럼 내 계좌에 현금 수익을 얻게 되면서 남편과의 관계에서 권리가 향상되었다는 것, 셋째 지역사회에서 여성 농민의 역량을 인정하지 않을 수 없게 되어 사회적 주체로 서게 되었다는 것이다. (언니네텃밭 봉강공동체 생산자 김정열, 2019년 7월 9일)

생태적 원리를 존중하고 자본주의적 이윤 추구 방식에 저항하며 공동체 연대에 기반해 자급적 경제 체계를 만들어 가면서 주변적이던 정체성을 주체적으로 변화시켜 나가는 여성 농민의 활동은 자본주의적 가부장제에 균열을 내는 의미 있는 도전이다. 이러한 실천은 가부장적 사회의 모순을 비판하고 고발하는 데서 더 나아가 소비자본주의에 대항해 자급에 기반한 지속가능한 사회로 나아갈 수 있는 공동체적 대안을 제시한다.

스스로 '마지막 세대'라고 자조하는 여성 농민은 대안적 미래의 열쇠를 쥐고 있는 씨앗 같은 존재이다. "종의 다양성을 보존하고 육성하듯 이제는 우리 사회에서 희귀해져만 가는 여성 농민과 농민의 소멸을 보기 전에 그 눈부신 노동과 삶이 유지될 수 있도록 역할이 필요하다"고 호소하는 여성 농민의 목소리에 진지하게 귀를 기울여야 할 것이다. 농촌 사회 및 농업정책의 성차별성을 개선하고,* 여성

---

* 정숙정·최경화(2022)에서 여성 농민의 지위 향상과 성차별 개선은 승계농 육성에 있어서도 중요한 요인임을 밝혔다. 이 연구에 따르면 자신 명의의 농지를 소유하고, 경영주나 공동 경

농민이 체감할 수 있는 실질적인 삶의 질을 확보하지 못한다면 여성 농민이 그 가치를 인정받기도 전에 사라지게 될지도 모른다.

영주로 등록되어 공적인 지위를 확보하고, 가사 전담과 같은 성 역할로부터 자유로울수록 자녀에게 농업을 승계할 의지도 높아지기 때문이다. 즉 여성 농민의 지위 확보와 성평등 실천은 여성 농민만을 위한 것이 아니라 지속가능한 농업·농촌으로 나아가기 위해 꼭 해결해야 할 과제다.

정숙정

코로나19 팬데믹과 젠더정치학

돌봄의 민주화와 지역화를 향하여

안숙영

＊ 이 글은 『지역과 정치』 제6권 1호(2023.6), 75-107쪽에 게재된 글을 본 단행본의 발간 목적에 맞춰 수정 및 보완한 것이다.

머리말

　역사적으로 재난과 위기는 여성, 노인과 아동을 비롯한 사회적 약
자에게는 더욱 가혹하게 다가섰고, 이번의 코로나19 팬데믹에서도
예외는 아니었다. 특히 이번의 팬데믹은, 돌봄을 중심으로 한 젠더정
치학의 차원에서 보자면, 감염병 위기가 남성과 여성 모두에게 똑같
은 영향을 미치는 것은 아님을 여실히 보여 주는 계기였다. 바이러스
의 전파를 막기 위해 '사회적 거리두기'나 '봉쇄'의 방식으로 인간과
인간의 직접적인 대면 접촉이 제한 혹은 금지되면서, '일터'와 '집'에
서의 돌봄에 중요한 변화가 일어나는 가운데 돌봄을 여성의 일로 간
주하는 경향이 강화되었다.

　먼저, 일터에서는 감염의 위험에도 불구하고 돌봄과 보건의료 분
야처럼 누군가는 '대면'으로 돌봄노동을 계속해야 했다. 병원과 요양

원 등에서 '필수노동'으로 불리는 이런 노동을 하며 환자와 노인을 보살피던 '필수노동자'의 대다수는 여성이었다(석재은, 2020; 박고은·김규혜, 2021). 나아가, 집에서는 '돌봄의 사회화'라는 이름으로 집 밖으로 나갔던 돌봄이 다시 집 안으로 들어오는 가운데(박주연, 2022), 돌봄의 책임이 주로 여성에게 떠넘겨지며 '돌봄의 재가족화'와 '돌봄의 여성화'가 다시 모습을 드러냈다.

프랑스의 경제학자이자 철학자인 세르주 라투슈(Serge Latouche)는『탈성장사회: 소비사회로부터의 탈출』(2014)에서 '관계재'라는 개념을 언급하며, 돌봄노동 같은 사회 서비스는 "사람들 간의 관계, 공유 속에서 효용이 더 높아지는 재화"임을 강조한다. 이는 이탈리아의 정치경제학자인 루이지노 브루니(Luigino Bruni)에게서 유래한 것으로, 사적재나 공공재와는 구별되는 제3의 재화로서의 성격을 지니며 그 본질은 '만남'에 있다. "인간은 관계 속에서 살아가는 존재이며, 그 자체가 다양한 사람들과의 관계 속에서만 존재한다. 반대로 개인은 그 자체로 존속하며 자급자족적이고 나누지 못하는 성격이 특징이다. 애덤 스미스 이후의 경제학의 기초에 있는 인류학적 관념은 개인 개념이지 인간 개념이 아니다"라는 브루니의 강조에서처럼(라투슈, 2014: 108-111), 인간은 돌봄과 같은 관계재가 없이는 행복이나 성숙에 이르기가 쉽지 않다.

이런 맥락에서, 팬데믹 이후 새로운 삶의 방식을 탐색하고자 할 때, '돌봄을 중심으로 사회를 재배치하는 것'(달리사·데마리아·데리우,

안숙영

2018: 129) 혹은 '돌봄 선언'을 통해 '상호 의존의 정치학'으로 나아가는 것(더 케어 컬렉티브, 2021)의 중요성은 아무리 강조해도 지나침이 없다. 이처럼 코로나19를 '돌봄 중심 사회'로의 전환을 위한 적극적인 계기로 삼고자 할 때 무엇보다 염두에 두어야 할 것의 하나는, 이번 팬데믹에서 나타난 젠더불평등에 주목하여 '돌봄의 탈여성화'를 바탕으로 돌봄 관계의 민주화라는 오래된 이상을 실현하는 일이다. 돌봄을 '여성의 일'로 간주하는 편견에서 벗어나, 돌봄은 지구 위에 존재하는 모든 인류의 일이라는 인식을 함께하는 일이다.

다른 하나는, 이러한 전환에 있어 우리의 일상의 삶이 구체적으로 펼쳐지는 장소로서의 '지역'에 초점을 맞춘 연구를 찾아보기 힘든 가운데, 삶의 터전이자 현장으로서의 지역의 의미에 새롭게 천착하는 일이다. 돌봄의 본질은 만남이라는 점에서, '돌봄의 지역화'를 그 출발점으로 하여 지역이 인간과 인간의 만남 및 인간과 자연의 만남의 구체적인 장소가 될 수 있도록 노력하는 일이다.

코로나19 팬데믹과 돌봄의 중요성의 가시화

코로나19 팬데믹은 돌봄이 얼마나 중요하며 돌봄이 일터와 집에서 충분히 제공되지 못할 때 우리의 삶에 어떤 일이 일어날 수 있는지를 명확히 보여 주었다. 한 사회의 유지와 발전에는 상품을 생산하는 '생산 시간'만이 필요한 것이 아니다. 살아 있는 생명체로서의 인간과 자연의 삶을 가꾸어 나가기 위한 '재생산 시간' 또한 필요하다. 그럼에도 팬데믹 이전에는 한국 사회를 비롯하여 성장경제를 향해 달려온 북반구의 풍요로운 나라에서는 '일터 중심'의 '생산 시간'에 초점을 맞추어, '재생산 시간'을 '생산 시간'에 종속시켜 왔다. 이번의 팬데믹은 이런 방식으로 상품의 생산을 향해 계속해서 질주하다가는 인류의 생존 그 자체가 위험에 처할 수 있음을 일깨워 주었다.

사실상 돌봄의 부족에 따른 북반구 나라에서의 사회적 재생산 위기는 이번의 팬데믹 이전에도 이미 심화될 대로 심화된 상태였다. 돌봄 관련 인력은 부족하고 노동관계는 열악한 가운데, 적절한 돌봄을 제공하기 어려운 위기적 상황이 오래전부터 지속되어 왔다. 신자유주의적 자본주의 경제의 전 세계적 확장과 다름없는 '지구화'의 물결 속에서 병원과 요양원의 민영화 및 주식시장 상장이 가속화되며, 성장에 대한 압박은 커지고 노동력에 대한 시간과 효율성 압박도 더욱 커졌다. 반면에 이런 압박에 상응하는 인정이나 보상은 없었다. 성장과 비용 절감이라는 이중의 경제적 구속하에서 돌봄 인력은 과부하 상황에 놓였고, 돌봄의 가치는 제대로 인정받지 못했으며 임금은 낮았다. 이런 상황에서 좋은 돌봄은 가능하지 않았다. 각자도생의 논리와 자본주의적 가치화 논리가 돌봄 제공자의 신체에 고통스럽게 각인되며 육체적 및 정서적 소진이 정상적인 직업병으로 간주될 정도였다(Wichterich, 2021: 758).

특히 코로나19 팬데믹 초기에는 의료기기, 약품 및 마스크와 장갑 같은 일용품이 일국 내에서가 아니라 지구적 생산 사슬 속에서 생산됨으로 인해 이를 필요한 곳에 제때 공급하기가 어려웠다. 코로나19 팬데믹은 지구화된 자본주의 체제의 이 모든 잘못된 발전을 비로소 가시화하는 한편으로, 이를 더욱 악화시키기도 했다. 지구화된 자본주의 체제는 비상사태에 대비할 수 있는 상황에 있지 않았기 때문에, 팬데믹은 걷잡을 수 없이 빠르게 확산되었고, 지구화된 자본주의 체제는 그동안 자신을 정당화해 오던 기제들을 상실하게 되었다(Wichterich, 2021: 758-759).

이런 가운데 돌봄에 대한 수요는 늘어난 반면, 늘어난 수요를 충분히 감당해낼 만한 인력은 부족했다. 이에 따른 기진맥진으로 돌봄 인력은 직업을 바꾸거나 일찍 은퇴했다. 돌봄 분야에서 훈련받던 이들은 단기적으로만 이에 종사하고자 했고, 집 밖에서의 돌봄이 더 이상 감당할 수 없는 한계치에 이르자, 가족들, 특히 여성들은 정신적 부담도 가중되는 가운데 돌봄을 집에서 직접 제공하는 것밖에는 달리 방법이 없었다(Wichterich, 2021: 759). 이처럼 여성들은 병원과 요양병원 등의 가족 밖 돌봄에서는 물론이고 가사와 육아를 비롯한 가족 내 돌봄에서도 대부분의 책임을 떠맡으며 팬데믹 동안에도 일상의 삶이 유지될 수 있도록 했다.

이런 맥락에서, 팬데믹은 돌봄의 중요성을 우리 삶의 전면으로 불러오는 하나의 결정적인 계기였다. 좋은 돌봄이 없이는 좋은 삶도 불가능하다는 점을 상기시킴으로써, 팬데믹 이후의 새로운 세계에서는 어떻게 하면 누구나가 돌봄이 필요할 때 돌봄을 제때 제공받고 또 어떻게 하면 여성의 일로 알려진 돌봄을 사회 구성원 누구나가 함께 나눌 수 있는지를 둘러싼 미래지향적인 논의로 나아가야 한다는 점을 명확히 했다. 따라서 이제 우리에게 절실히 필요한 것은 돌봄이 갖는 중요성으로 우리의 시선을 돌려, 그 중요한 돌봄이 왜 팬데믹 이전에는 중요성을 제대로 인정받기 어려웠는지를 반성적으로 돌아보는 것이다.

돌봄의 의미와 중요성에 대한 재조명

돌봄은 "인간이 자신과 공동체의 안녕을 위해 실천하는 일상 행동"으로, "모든 인간의 정신적, 육체적 건강 그리고 관계의 온전함을 유지하는 근본"이다(달리사·데마리아·데리우, 2018: 124-125). 그럼에도 돌봄은 오랫동안 주류 경제학을 비롯한 다양한 학문 영역에서 그에 합당한 주목을 받지 못했다. 첫째는, 돌봄이라고 하는 활동의 특성, 즉 관심을 가지고 보살피는 활동으로서의 돌봄은 '생산성'이라는 변수, 즉 자본주의 사회가 노동의 대가를 받을 만하다고 인정하는 유일한 변수와는 직접 관련이 없는 것으로 여겨져 왔기 때문이다. 둘째는, 이로 인해 돌봄이라고 하는 활동은 '무급 노동', 즉 보이지 않는

안숙영

'그림자 노동'(일리치, 2015: 175-176)으로 이해되어 왔기 때문이다.

그래서 이탈리아의 정치학자인 마리아로사 달라 코스따(Mariarosa Dalla Costa)는 "사장이 노동자 한 명의 노동력을 살 때, 노동자의 아내가 가진 노동력도 함께 사기 때문"(달라 코스따, 2017: 37)임을 강조하며, 뉴딜 시대의 미국에서 남편과 아내로 구성된 노동계급 가족의 재생산의 경우 한편으로는 아내를 포함한 가족 부양 임금을 벌 수 있는 남편의 능력에, 다른 한편으로는 노동력의 생산과 재생산을 전담하게 된 주부에 의지했음에 주목한 바 있다. 즉 주부인 여성에게 '집안의 노동자'로서 가사와 육아를 비롯한 돌봄의 책임을 무급으로 떠맡게 하는 방식으로 가족의 재생산이 유지된다는 점을 명확히 했다.

미국의 정치철학자인 낸시 프레이저(Nancy Fraser) 또한 이러한 방식의 재생산 모델, 즉 남성 생계부양자와 여성 가족돌봄자 및 자녀로 구성된 산업자본주의 시대의 '가족 임금 이상'에 기초한 사회적 재생산 모델 속에서는 여성의 돌봄노동이 갖는 가치에 대해 충분한 주의를 기울이기 어려웠다고 비판한다. 가족 임금이 강조되던 시절에는 돌봄노동이 가족 내 여성의 개인적인 책임으로 여겨지며, 돌봄노동의 사회적 조직화에 관한 논의가 수면 위로 떠오를 수 없었기 때문이다. 따라서 프레이저는 한 명이 벌어 가족 전체를 부양할 정도로 충분한 임금을 받는 일자리가 거의 없는 오늘날의 후-산업자본주의 시대 노동시장에서는 돌봄노동의 중요성으로 새롭게 시선을 돌려 사회적 재생산 방식을 전면적으로 재조직해 나가야 한다고 본다(프레이저, 2017: 157-192).

프레이저가 "남성을 지금의 대다수 여성처럼 되도록 유도하는 것", "사람들에게 돌봄노동이 주가 되도록 유도하는 것"(프레이저, 2017: 189)이 급선무라고 강조하며, 후-산업자본주의 시대에는 '보편적 돌봄 제공자 모델'로 나아갈 필요가 있다고 제안하는 것은 이런 맥락에서다. "모든 일자리는 돌봄 제공자인 동시에 노동자인 사람들을 위한 방식으로 고안될 것"이며, 그럼으로써 "생계부양 노동과 돌봄노동 사이의 성별대립적 설정을 해체"(프레이저, 2017: 190)하는 방향으로 나아가야 한다는 것이다. 다시 강조하자면, "기존의 성별 노동 분업을 전복하고 사회조직화의 핵심적·구조적 원칙인 젠더 역할을 전환"하여 "젠더의 한계를 완전히 해체"(프레이저, 2017: 191)해야 한다는 것이다.

이를 통해서 알 수 있듯이, 그동안 돌봄의 중요성이 비가시화되었던 중요한 이유 중 하나는 지구화된 신자유주의적 자본주의 경제하에서는 돌봄이라는 활동이 '생산성'이라는 변수와 무관한 것으로 여겨져 왔기 때문이다. 성장을 향해 질주하는 경제하에서는 '생산성'으로 설명할 수 없는 돌봄이라는 활동의 가치와 중요성이 자리할 여지가 전혀 없다. 즉 '자본과 돌봄의 모순'(Fraser, 2016)으로 요약할 수 있는 지구화된 신자유주의적 자본주의 경제가 안고 있는 근본적인 한계 때문이다.

이와 더불어 다른 하나의 이유는 돌봄이라는 활동이 주로 여성들

안숙영

에 의해 수행되어 왔기 때문이다. "모든 사람은 어느 엄마의 아이"(키테이, 2016: 72)라는 점으로 인해, 돌봄은 '사랑의 노동'으로 간주되는 가운데, 아이, 노인, 환자 및 장애인을 보살피는 돌봄 활동의 대부분은 여성의 사적인 가사 형태로 제공되어 왔다. 즉 여성은 돌봄의 대부분을 담당했을 뿐만 아니라 이를 무급으로 해 왔다(키테이, 2016: 233). 돌봄이 엄마의 무한한 헌신에 기초한 '사랑'으로 간주되며, 여성들에 의해 주로 수행되는 돌봄에 대한 착취는 논의의 수면 위로 떠오르지 못했다(Care*Ak Frankfurt, 2014). 집 밖에서든 집 안에서든 돌봄은 그 제공의 주체가 주로 여성이기 때문에, 경제의 가장 커다란 부분을 형성하면서도 경제에 포함되지 못한 채로 남아 있었다.

코로나19 팬데믹과 돌봄의 젠더불평등의 현실

국제연합 산하 '유엔여성기구(UN Women)'에 따르면, 돌봄과 관련하여 무급이든 유급이든 간에 상관없이 팬데믹으로 인해 여성의 부담이 전 세계적으로 크게 늘어났다. 보건 분야의 유급 간병인은 업무량과 감염 위험의 증가에 직면했고, 가사노동 분야의 많은 노동자는 봉쇄 및 사회적 거리두기 조치로 일자리를 잃었다. 팬데믹 이전에도 여성에게 불균형적으로 떠맡겨진 무급 돌봄과 가사노동 부담은 팬데믹 기간에 극적으로 증가했고, 여성은 계속해서 불평등하게 돌봄 책임을 짊어지게 되었다. 일하는 부모, 특히 어머니는 학교와 탁아소의 폐쇄로 유급 노동과 전일제 보육을 병행해야 했고, 아픈 가족을 돌보고 연료와 물을 구하는 등의 부담도 여성에게 더 증가한 것으로 나타났다(UN Women, 2023).

팬데믹 초기인 2020년 4월에 유엔여성기구는 코로나 위기가 돌봄 경제의 취약성을 더욱 강화하고 있음에 주목한 바 있다. 전 세계적으로 의료 종사자의 70%를 여성이 차지하고, 환자와 긴밀한 접촉이 필요한 간호, 조산 및 지역 보건 업무 같은 의료 관련 직종에서의 비율은 훨씬 더 높은 가운데, 코로나 위기를 맞아 일선에서 일하는 여성 의료 종사자의 위험은 더욱 복잡해지는 경향이 있었다. 열악한 근무조건, 저임금 및 리더십이 주로 남성에 의해 통제되는 의료시스템 내에서 목소리를 내기가 어려워서였다. 뿐만 아니라 여성들이 항상 해온 막대한 양의 무급과 저임금 간병 및 가사노동은 코로나 위기에 대한 대응의 중추였고, 무급 가족 간병인, 지역사회 기반 의료 종사자, 가사노동자 및 장기 간병인은 이 위기에서 필수적인 노동자였지만, 그렇게 인식되는 경우는 거의 없었다(UN Women, 2020).

이런 맥락에서 유엔여성기구는 여성이 평상시에도 유급 노동에서든 무급 노동에서든 의료 서비스의 최전선에 있다는 점으로 시선을 돌리며, 여성이 어린이, 환자, 노인의 건강과 복지를 유지하기 위한 가장 큰 몫의 노동을 무보수로 담당하고 있다는 점을 기억해야 한다고 강조했다. 이를 좀 더 구체적으로 살펴보면, 무급 돌봄 및 가사노동에서 여성은 하루에 4.1시간을 사용하는 반면, 남성은 겨우 1.7시간을 사용하고 있었다. 그리고 의료 서비스에 대한 여성의 무급 노동의 기여를 수치로 산정할 경우, 전 세계 GDP의 2.35%, 즉 그 가치가 거의 1조 5,000억 달러에 달하는 것으로 나타났다. 여기에는 무급의 건강 증진 및 예방 활동, 장애인 및 만성 질환자 돌보기, 노인 지원이 포함되며, 건강뿐 아니라 모든 유형의 치료에 대한 여성의 기여도를 고려하면, 이 수치는 11조 달러라는 엄청난 수치에 이를 것으로 추정되기도 했다(UN Women, 2020).

반면에 유급 노동에서는 이와 정반대되는 상황이 나타났다. 국제연합이 2020년 4월에 발간한 「정책브리프: 여성에 대한 코로나19의 영향」에 따르면, 그러잖아도 이미 경제적 주변부에 위치한 여성에게 코로나19가 더욱 가중적인 영향을 미치는 것으로 나타났다. 첫째로 여성은 남성보다 무급 돌봄과 가사노동에 남성보다 3배나 많은 시간을 할애하는 반면, 괜찮은 일자리에 접근할 가능성은 제한되어 있었다. 25세에서 54세 사이의 남성은 유급 노동에 종사하는 비율이 94%인 반면, 여성은 그 비율이 63%에 그쳤다. 둘째로 지구적 젠더 임금 격차(global gender pay gap)가 16%에 달하는 가운데, 몇몇 국가에서는 그 격차가 35%에 이르고 있었고, 전 지구적으로 7억 4천만 명의 여성이 비공식 경제에서 일하고 있었다. 셋째로 전 지구적으로 여성의 65%만이 2017년에 금융기관에 계좌를 가진 반면, 남성은 그 비율이 72%였다(United Nations, 2020: 4-9).

이처럼 팬데믹은 돌봄은 여성의 일이라는 기존의 전통적인 노동 분업을 더욱 강화했다. 돌봄은 일터에서 유급으로 이루어지든 집 안에서 무급으로 이루어지든 간에, 즉 돌봄이 수행되는 장소가 어디인지와는 상관없이, 대부분 여성에 의해 수행되고 있었다. 여성이 돌봄을 전담하는 이러한 방식의 젠더에 따른 노동 분업 및 팬데믹 동안의 여성의 돌봄의 부담 증가는 왜 여성이 남성에 비해 경제적으로 빈곤에 처할 위험이 더 높은지를 잘 보여 준다. 남성이 돌봄에 거의 참여하지 않은 채로 여성이 돌봄의 책임을 거의 전적으로 지는 현재의 젠더불평등이 여성을 빈곤의 위험에 처하게 만들고 있을 뿐만 아니라, 돌봄의 부족에 따른 사회적 재생산 위기를 가속화하고 있는 것이다. 따라서 남성의 돌봄 참여를 통해 돌봄의 탈여성화로 나아감으로써 돌봄의 민주화를 이루기 위한 노력이 시급히 시작되어야 한다.

돌봄의 민주화를 향하여

전 세계적으로 여성이 남성에 비해 무급 돌봄노동에 3배나 많은 시간을 사용하고 있는 현실을 벗어나기 위해서는, 이윤 극대화와 경제성장에 초점이 맞추어진 오늘날의 신자유주의적 자본주의 경제에 대한 비판적 접근 및 돌봄노동의 중요성에 대한 사회적 합의를 바탕으로 남성의 유급 노동시간의 단축을 통해 무급 돌봄노동을 위한 시간을 확대해 나가는 것이 무엇보다 필요하다. 그럼에도 팬데믹 동안에 특히 북반구의 나라들에서는 '돌봄채굴주의(Careextraktivismus)'의 '초국가화'와 '디지털화'가 주로 시도되었다. 즉 성장경제가 갖는 문제점에 대한 반성적 고찰 및 돌봄 중심의 새로운 사회적 합의가 아니라, 남반구 여성의 값싼 노동에 기대고자 하는 돌봄의 초국가화 및 기술적 해결책에 기대고자 하는 돌봄의 디지털화였다.

여기서 '돌봄채굴주의'란 독일의 사회학자인 크리스타 비히터리히(Christa Wichterich)가 사용하는 개념으로, 돌봄에는 가치를 전혀 부여하지 않은 채로 생산에만 주로 초점을 맞춰 타인이나 자연의 비용으로 살아가는 북반구 나라들에서의 '제국적 생활양식'이 갖는 문제점을 비판한다. 이를 통해 비히터리히가 강조하고자 하는 것은 "제국적 생활양식은 무급과 저임금 및 유급 돌봄노동의 이용을 통한 내부적 식민화의 형태 및 초국가적 가치 창출 사슬, 즉 지구적 돌봄 사슬을 통한 외부적 식민화의 형태에 의존하고 있다"(Wichterich, 2021: 756)는 점으로, 돌봄 관계의 지구화가 갖는 한계이다.

예를 들어, 돌봄채굴주의의 초국가화로 인해 독일의 경우 이제는 대부분의 병원과 요양원은 물론이고 개인 가정집에서의 노인 돌봄도 이주해 들어온 여성 의료노동자들이 없이는 제대로 기능하지 않는다. 병원과 요양원의 이러한 의존은 제국적 재생산양식 및 생활양식이 이에 참여하는 누구에게나 이익을 가져다준다는 헤게모니적 합의를 강화한다. 전반적으로 노인 돌봄 인력이 부족한 가운데, 서유럽의 개인 가정집에서의 24시간 노인 돌봄 또한 동유럽에서 이주해 온 여성들에 의해 이루어지는 경우가 많다. 특히 팬데믹 기간에 이들 이주 배경을 지닌 여성들은 감염의 위험으로 인해 일자리를 잃기도 하고, 국경이 닫히면서 가족에게도 돌아가지 못하는 상태로 자유로운 이동이 불가능해진 경우도 있었다(Wichterich, 2021: 759-760).

뿐만 아니라, '현대화를 통한 구조'라는 원칙에 따라 북반구의 많은 나라에서 돌봄의 디지털화가 코로나19에 따른 돌봄 부족의 위기에서 벗어나기 위한 정책 방안 목록의 우선순위에 올랐다. 거의 모든 곳에서 플랫폼화와 아마존화가 국가로부터 대폭적인 지원을 받았다. 그러나 이렇게 창출된 일자리는 노동권과는 거리가 먼 열악한 일자리가 대부분이었고, 국가는 이러한 새로운 축적 양식 및 사회적 재생산 양식과 소비 양식의 현대화에 대한 지원을 통해 제국적 생활양식을 다시 한번 정상적인 것으로 정당화하는 결과를 가져왔다(Wichterich, 2021: 759-760).

이처럼 팬데믹에 따른 돌봄 및 사회적 재생산 위기 속에서 이의 극복에 커다란 역할을 했던 것은 전 지구적으로 여성들이었던 가운데, 돌봄의 부담을 민주적으로 함께 나누기 위한 방안에 대한 모색이 다각도로 필요하다. 이를 위해서는, 먼저 돌봄의 가치를 인정하지 않는 신자유주의적 자본주의 경제에 대한 근본적인 비판이 이루어져야 한다. 이런 맥락에서, 자본주의 체제가 가져온 기후위기를 비롯한 생태적 재앙을 비판하는 '탈성장(Degrowth)'의 문제의식에 입각하여,

안숙영

"지구의 성장이 멈추는 곳에서 돌봄이 시작된다"(백영경, 2022)는 통찰로 시선을 돌릴 필요가 있다. 돌봄이 없이는 사회의 유지 그 자체가 불가능함에도 불구하고 그 가치를 인정받지 못한 것은 결국 이러한 자본주의 체제의 작동 방식, 즉 성장을 위해 여성과 자연을 희생하는 작동 방식 그 자체와 관련이 있기 때문이다.

나아가 노동시간의 단축 또한 필수적이다. 성장을 향한 강박 속에서 유급 노동이 갖는 중요성이 커지는 가운데서는 돌봄을 위한 시간을 확보하기가 어렵다. 특히 전 세계적으로 거의 예외 없이 남성의 유급 노동시간이 여성보다 더 길다는 점을 고려할 때, 남성의 무급 돌봄노동에의 참여를 위해서는 유급 노동시간의 단축이 불가피하다. 그럼으로써 돌봄의 부담을 남성과 여성이 함께 나누어야 하며, 이런 차원에서 남성과 돌봄의 관계에 주목하는 '돌보는 남성성' 논의(Scholz und Heilmann, 2019)가 그 모습을 드러내고 있는 것은 반가운 일이다.

마지막으로, 돌봄채굴주의의 전 지구적 확산에서 알 수 있듯이, 돌봄은 더 이상 한 국가 내에서의 사안이 아니라 전 지구적 사안으로서의 성격을 띠고 있음을 기억할 필요가 있다. 이는 돌봄에 대한 접근이 젠더, 계급, 인종 및 국적 등의 카테고리가 복합적으로 작용하는 교차적 문제의식에 입각해야 함을 의미한다. 돌봄이 제국적 생활양식이 지배하는 북반구의 부유한 나라들에서 여성과 남성을 비롯한 사회의 모든 구성원 간에 평등하게 분배되지 않음으로써, 남반구에서 이주해온 여성들이 저임금으로 돌봄의 책임을 넘겨받고 있기 때문이다. 따라서 돌봄의 민주화를 위해서는 지구적 차원에서의 돌봄에 대한 접근 또한 시급하다.

코로나19 팬데믹과 지역의 의미에 대한 새로운 천착

이번의 코로나19 팬데믹은 무엇보다 생태 위기이자 돌봄 위기였다. 이번의 팬데믹은 상품이 국가와 국가 간의 경계를 넘어 자유롭게 이동하는 것에 그 초점이 맞추어진 지구화의 필연적인 귀착지였다. 지구화는 값싼 노동력을 바탕으로 상품을 저렴하게 생산하여 지구적 단위로 유통하게 함으로써, 자연과 돌봄에 대한 착취를 피하기 어렵게 하기 때문이다. 자연은 인간이 발 딛고 살아가야 할 삶의 터전이 아니라 성장을 위해 언제든 벌목하거나 채굴할 수 있는 '자원'으로 전락했고, 돌봄은 인간이 관계를 맺으며 살아가는 삶의 방식이 아니라 성장을 위해 그 비용을 낮춰야 하는 '상품'이 되었다.

이처럼 이번의 팬데믹은 지금과 같은 방식으로의 지구화를 통해서는 인간이 다른 인간과는 물론이고 자연과 동물을 비롯한 살아 있는 모든 생명체와의 우호적인 관계를 맺어 나갈 수 없다는 것을 분명히 보여 주었다. 경제적 차원에서 '탈지구화(Deglobalization)'의 미래를 전망하는 다양한 논의들이 나타나고 있는 것도 이와 관련이 있다

안숙영

(Abdal and Ferreira, 2021; Williamson, 2021; Butollo and Staritz, 2022). 팬데믹으로 인해 상품의 생산과 유통이 지구적 사슬로 촘촘히 연결되어 있는 현재의 지구화 형태가 그 한계를 명확히 드러내면서, 그 연결망을 새롭게 짜나가야 한다는 목소리들이 나오고 있다(Eder, 2020; Dullien, 2021).

이와 더불어 돌봄의 차원에서도 팬데믹 이후 이를 지구적 차원에서 새롭게 조직할 필요성에 대한 강조가 나타나고 있다. 돌봄은 "무임이든 임금노동이든 인간과 생명체에 대한 연민, 동병상련, 용인, 희망의 마음에 기대어 수행하는 노동"으로 "현란한 자본주의의 전시물이나 인공지능, 로봇 개발로 달성될 수 없는 매우 개인화된 윤리의 영역을 포함"(김현미 2022: 309)하기 때문에, 인간과 인간이 서로 만나 대면으로 마주한 채로 '돌봄 관계'를 형성하게 된다. 그런데 이 돌봄 관계가 현재는 지구적으로 확장되어 북반구의 돌봄 부족을 남반구에서 온 여성들의 저렴한 노동력으로 채우고 있는 실정이다. 따라서 이의 해결을 위한 다양한 논의가 필요한 시점이다.

'지역'이 갖는 의미에 대한 천착은 이런 맥락에서 그 함의가 크다. 지역이란 '일정하게 구획된 어느 범위의 토지' 혹은 '전체 사회를 어떤 특징으로 나눈 일정한 공간 영역'(국립국어원, 2022)으로, 지구화에도 불구하고 일상의 삶은 지역을 바탕으로 하여 펼쳐진다. 지구화에 따라 이주가 늘어나고 있지만, 미국의 지리학자 하름 데 블레이(Harm de Blij)가 강조하듯이, 지구 위에서 살아가는 절대다수는 태어난 곳에서 살다가 거기서 생을 마치는 '지역인'이다. 새로운 환경에서 새로운 기회를 잡고자 친숙한 곳을 떠나는 '이동인'이 늘어나고, 지구화 속에서 공간의 힘으로부터 점점 자유로워지는 '세계인'이 생겨나고 있지만(데 블레이, 2009: 15-55), "어떠한 환경에 있든 이 지구호의 인간 탑승객 대다수는 자신이 태어난 자연환경과 문화적 환경 안에서 살아가는" 지역인이기 때문이다(데 블레이, 2009: 53).

이렇게 보면 지역은 절대다수의 삶의 터전이자 현장이다. 지역은 대다수 지역인의 생활의 토대를 이루는 장소이며 이 장소를 바탕으로 사람들은 일상적인 상호작용을 하며 자신의 정체성을 형성해 나간다. 코로나19 위기를 맞아 끊임없는 성장을 추구하던 지구화가 막다른 골목에 이르면서, 일상이 펼쳐지는 공간으로서의 지역에 대한 새로운 관심이 생겨나고 있다. 먹고 일하고 잠자고 학교에 가고 친구를 만나는 등 우리의 일상에서의 모든 활동, 그리고 돌봄을 제공하고 돌봄을 제공받는 활동 또한 지역이라고 불리는 공간적 영역 내에서 대부분 이루어지는 가운데, 지역을 기반으로 하여 새로운 생활양식을 만들어 나가고자 하는 흐름이 나타나고 있다.

돌봄의 지역화를 향하여

오래전부터 '지역화'에 기초한 '행복의 경제학'을 강조해 온 노

안숙영

르웨이의 로컬 경제 운동의 선구자 헬레나 노르베리 호지(Helena Norberg-Hodge)에 따르면, 지역화란 "경제를 분권화하여 지역사회와 지방, 국가의 자치를 더 튼튼하게 만드는 것", "생산자와 소비자 사이의 거리를 줄이고 기업이 독점하고 장악하는 글로벌 시장과 로컬 시장의 균형을 잘 잡는 것"(노르베리 호지, 2018: 65)을 말한다. '로컬이 우리의 미래'라고 강조하는 노르베리 호지에게 지역화는 장거리 무역을 모두 폐지하는 것이 결코 아니다. 오히려 지역화로 전환하면 불필요한 운송은 줄어들고 지역사회 경제뿐 아니라 국가 경제도 튼튼해지고 다양해질 것이기 때문이다.

이번 팬데믹을 거치며 지역화를 향한 운동이 갖는 의미가 다시 떠오르고 있다. '승자 없는 경제'로서의 글로벌 경제가 사회와 생태계에 어떤 부정적인 영향을 미치고 있는지가 팬데믹을 계기로 더 명확해지면서, 지역화를 통해 인간과 인간, 인간과 사회, 인간과 자연의 관계를 회복해야 할 필요성이 커지고 있다. 즉 경제를 인간적인 규모로 되돌려, 우리 주변에 누가 있는지 알 수 있고, 각자 지역사회에서 수행할 중요한 역할이 있다는 것을 느끼는 한편으로, 스스로의 행동에는 사회적, 생태적 결과가 따른다는 것을 이해할 수 있도록 규모를 줄임으로써, "우리가 살아가는 터전, 즉 땅과 건강한 관계를 이룰 수 있는 소규모 지역사회를 아주 많이 만드는 일"(노르베리 호지, 2018: 152-153)로 나아갈 필요가 있다.

이런 시대적 맥락에서, 한국 사회에서도 '로컬(local)'을 '새로운 삶의 패러다임'으로 설정하는 흐름이 나타나고 있는 것은 무엇보다 반가운 일이다. '지방'이란 단어에는 '변두리'라는 뜻이 담겨 있고, '서울 이외의 지역'으로 이해되는 경향이 있어, 말에서부터 뿌리 깊은 편견이 담겨 있음에 주목하여, 이러한 편견을 덜어 내기 위해 '로컬'이라는 단어를 사용함으로써 서울과 별다를 것 없는, 우리나라를 이루는 똑같은 지역 가운데 하나로 이해하고자 하는 시도들이 최근에 나타나고 있다. 대량생산과 대량소비에 의존하는 성장 패러다임을 벗어나서 자족적이고 지속가능한 소규모 지역경제를 만들어 보자는 흐름이 점차 커지며, "지속가능한 삶을 보장할 다양성이란 관점에서 로컬의 가치에 주목"하는 대안적 삶이 시도되고 있다(김동복·김선아·박산솔 외, 2020: 12-21).

"로컬을 보는 우리 스스로의 관점을 전환할 때 비로소 로컬의 다른 미래를 상상해 볼 수 있을 것이다. 자신이 살고 있는 로컬이 세상의 중심이라고 생각하는 사람이 많아질 때 비로소 로컬의 미래가 보이기 시작할 것이다"(김동복·김선아·박산솔 외, 2020: 441)라는 강조에서처럼, 로컬을 새로운 눈으로 바라보며 그곳에서 새로운 가능성을 찾으려는 이들의 숫자가 늘어나면서 이른바 '뉴 로컬'의 시대가 열리고 있는 가운데, 지역에서 다른 삶 혹은 대안적 삶의 방식을 창출해 나가고자 하는 청년들이 늘어나고 있는 것은 그 의의가 크다.

이처럼 팬데믹을 계기로 지역화의 흐름이 나타나고 있는 가운데, 우리가 한 가지 꼭 기억해야 할 것은 좋은 삶을 꾸리기 위해서는 좋

안숙영

은 돌봄이 필수적이라는 점이다. '좋은 돌봄이 없이는 좋은 삶도 없다'는 점을 팬데믹이 명확히 보여 주었기 때문이다. 따라서 지역에서의 삶에서 돌봄의 중요성을 어떻게 구체적으로 담아낼 것인가를 질문하며 '돌봄의 지역화'를 실천하기 위한 다양한 논의들이 이루어져야 한다. 남반구 여성들의 값싼 노동에 기초한 지구적 차원에서의 돌봄채굴주의를 넘어, 돌봄을 필요로 하는 누구나가 지역에서 언제든 충분한 돌봄을 받기 위한 방안 및 돌봄 제공자에 대한 충분한 인정과 보상을 할 수 있는 방안에 대한 탐색이 시작되어야 한다.

충남 홍성군 홍동면의 여성 커뮤니티가 친밀과 돌봄 기반의 공동체적 활동을 바탕으로 여성의 주체적 행위자성을 보여 주고 있는 것이 그 하나의 사례다. 홍동면의 여성들은 여성을 위한 친밀한 장소를 만드는 한편으로, 교육 돌봄과 노인 돌봄 및 상호 돌봄을 기반으로 한 공동체적 활동의 전개를 통해, 기존에 가정 내에서 위계화된 형태로 수행되던 돌봄을 벗어나 남성 또한 돌봄에 참여하게 함으로써 새로운 지역 생활정치의 장을 마련해 나갔다. 뿐만 아니라 토착 지식의 활용을 바탕으로 경제적 커뮤니티를 만들어 비자본주의적 공동체경제의 새로운 윤곽을 그리고자 시도하는 한편으로, 여성들 간의 차이에도 주목하여 돌봄이라고 하는 활동을 여성에게 생물학적 여성이라는 이유로 덧씌우고자 하는 가부장적 억압 기제에 맞서고자 했다(진명숙, 2020).

서울 금천구 여성들의 도시농업 공동체 사례도 돌봄의 지역화로 나아가는 데 있어 의미 있는 사례의 하나를 보여 준다. 금천구 여성들은 '텃밭 강사'라는 여성 일자리를 만드는 것에서 출발하여 공동체 텃밭과 학교 텃밭 등을 만들며 도시농업 운동의 시작으로 나아갔다. 그리고 이를 먹거리 사업으로도 확장하여 생산과 소비를 직접 연결하는 방식으로 지역 먹거리 순환 체계를 만들어 나갔다. 또한 여성들은 도시농업 공동체를 통해 돌봄을 중심으로 한 지역순환경제를 가능케 하는 한편으로, 돌봄의 위기 속에서 자신들의 도시농업 공동체가 지역에서의 돌봄의 책임을 공유할 수 있도록 했다(강지연, 2021).

맺음말

이상으로 돌봄에 초점을 맞춘 젠더정치학의 차원에서 코로나19 팬데믹을 조망하며, 바이러스의 전파에 따른 감염병 위기가 전 세계적으로 남성과 여성 모두에게 동일한 영향을 미친 것은 아니었으며, 이번의 팬데믹 동안에 일터와 집 안 모두에서 사회가 필요로 하는 돌봄을 제공한 것은 주로 여성이었다는 점을 살펴보았다. 엔데믹으로 가고 있는 현재의 시점에서 우리에게 무엇보다 시급한 것은, 이를 바탕으로 돌봄의 젠더불평등에 대해 반성적으로 접근하며 돌봄의 민주화와 지역화를 통한 새로운 돌봄 중심 사회로의 전환을 준비해 나가는 것이라고 할 수 있다.

안숙영

앞으로 이러한 작업을 추진해 나가기 위해서는, 먼저 '경제' 개념에 대해 전복적인 관점에서 접근할 필요가 있다. 지금까지 우리가 알던 경제 개념은 근대성과 함께 '발명된 것'으로 근대성과 불가분의 관계에 있다는 점을 기억하며, 경제학의 세계에서 행복을 언급하는 것에 관한 주저함을 넘어서서, "시장경제가 사적 생활의 막다른 골목에 이르기까지 침투"(라투슈, 2014: 111)한 오늘날의 상황에서, 행복이나 인간의 성숙을 위해서는 관계재에 대한 주목이 필요하다는 점을 인식해야 한다. 계산 불가능한 것을 계산하려는 시도에서 벗어나, 관계재를 중시하는 학문으로의 경제학의 재편, 즉 '반경제학의 경제학'으로 나아가야 한다(라투슈, 2014).

이처럼 경제 개념이 관계재로서의 돌봄을 전혀 담아내지 못하는 점을 염두에 둔다면, 돌봄의 '유급 노동화'가 돌봄의 가치를 인정받는 적절한 방식인지에 대한 심도 있는 논의가 앞으로 진행되어야 한다. 즉 '돌봄'이 노동시장에서 사고 팔리는 '돌봄노동'이 되어 '경제'라고 하는 개념 안에 포함될 때, 얻는 것보다 잃는 것이 더 많지는 않은지를 고려할 필요가 있다. 돌봄이 노동이 되면 비용 절감을 통한 생산성 향상이라는 시장의 족쇄로부터 자유롭기 어렵고, 돌봄노동자의 불안정한 처우는 이러한 제도적 한계의 표현이기 때문이다. 이런 맥락에서, 돌봄 중심 사회로의 전환에 있어 '돌봄 커먼즈'를 비롯하여 화폐를 매개로 하지 않은 돌봄의 가치에 대한 인정의 방식을 둘러싼 다양한 상상이 요구된다(백영경, 2022).

이와 더불어 "대부분의 평등 논의는 여성의 일과 남성의 일을 나누는 성별 분업에서 여성이 그 분업의 칸막이를 넘는 월담을 의미한다. 반면에 남성이 분업의 칸막이를 넘어 여성의 일로 건너가야 한다고 지적하는 평등 논의는 거의 없다"(키테이, 2016: 27)는 지적에서처럼, 그동안 여성의 일로 알려진 돌봄은 가능한 한 피하고 싶은 일 혹은 타인에게 값싸게 넘길 수 있는 일로 여겨지는 가운데 여성이 남성의 일로 알려진 영역으로 진출하는 것이 여성해방의 상징처럼 간주되어 오기도 했다. 그러나 돌봄에서의 젠더불평등을 넘어서기 위해서는 이제 남성이 여성의 일로 알려진 돌봄의 영역으로 넘어와 돌봄을 나누기 위한 노력에 함께해야 하며, 남성의 일로 알려진 영역에 대한 그동안의 과대평가도 재검토할 필요가 있다.

코로나19 팬데믹 이전에도 그렇고 이후에도 그렇고 충분한 돌봄이 없이는 인류의 존재 그 자체가 위험에 처할 수밖에 없다는 사실에는 아무런 변함이 없다. 그럼에도 전 세계적으로 돌봄이 갖는 의미에 대한 충분한 인정은 여전히 이루어지지 않고 있다. 여전히 여성의 일로만 여겨지는 가운데, 내국인 여성들이 돌봄을 감당할 수 없다면 '필리핀 이모님'이나 '필리핀 도우미'로 불리는 외국인 여성들에게 값싸게 떠넘겨도 되는 일로만 여기는 경향이 지배적이다(김혜선, 2023). 이 모든 흐름 속에서 남성의 돌봄 참여의 필요성은 비가시화되며, 돌봄은 내국인 여성과 외국인 여성 간의 일로만 가시화된다.

그러나 우리가 돌봄을 중심으로 코로나19 팬데믹의 젠더정치학을 논의하는 과정에서 이번의 팬데믹을 '위기'에서 '기회'로 전환하여 돌봄 중심 사회로의 이행을 이루어내기 위해서는, 돌봄의 민주화와 지역화를 바탕으로 사회적 재생산 모델을 생태주의적으로 변화시키기 위한 노력으로 나아가야 한다. 문화인류학자 김현미가 재난의 영향력이 기존의 젠더, 계급 및 인종적 불평등에 기생하며 증폭하는 점에 주목하여 코로나 위기가 특히 여성에게 어떤 부담과 영향으로 다가왔는지를 분석하며, 재난 이후의 대안적 사회로 나아가기 위해서는 "기존의 경제 중심, 인간 중심 모델을 넘어선 생태주의적 관점의 사회적 재생산 모델을 지향할 때만이 회복적 젠더 정의에 도달할 수 있다"고 강조하듯이 말이다(김현미, 2020: 7).

전환시대의 지역력 회복, 자조와 협동으로

대구 사회적경제의 경험을 중심으로

김재경

들어가며

코로나 팬데믹 이후 우리 시대를 흔히 '위기'의 시대라고 말한다. 사회학자 울리히 벡의 '위험사회'의 위험(risk), 불안(anxiety), 공포 (fear)를 거론하지 않아도 현대를 경제 위기, 기후 위기, 환경 위기, 재생산 위기, 불평등 위기 등 복합 위기의 시대라는데 이의를 제기할 사람은 없다. 이러한 위기의 시대에 '새로운' 정치, 사회, 경제에 대한 관심은 자연스러운 현상이다.

특히 1997년 IMF 외환 위기와 2008년 금융 위기 이후 대규모 금융기관이 줄도산하는 과정에서 연쇄적으로 대량 실업이 속출하면서 대안적 패러다임에 대한 관심이 급격히 높아지기 시작했다. 2012년 UN에서 '세계협동조합의 해'를 선포한 것은 이 시점이 어느 한 시점의 자본주의 이념 및 자본주의 제도의 위기가 아니라 '세계 경제 시스템' 전반의 위기를 반영했기 때문이다. UN은 2023년 11월 3일 제 78차 UN 총회에서 2025년을 두번째 '세계협동조합의 해'로 선포하는 결의안을 채택했다. UN에서 2012년 첫번째 '협동조합의 해'를 선포한 것은 전세계 금융 위기 시에도 몬드라곤이나, 퀘벡 등 사회적경제가 발달한 도시에서 협동조합 기업들이 실업위기시 실업자를 재취업시킴으로써 조합원을 보호하고 오히려 그 기간 동안 조합원 숫자가 느는 등 위기 극복 능력을 통해 지속가능한 경제 시스템의 가능성을 보여 주었기 때문이다. 이들은 기업 이윤이 아닌 조합원의 고용 안정과 사회 연대를 우선시하면서 자생력 확보에 전념하였고, 스스로 허리띠를 졸라매고 일자리를 나누면서 경제 위기의 극복 방법을 모색한 결과, 사회·경제적 발전을 위한 자조적 경제 시스템을 보여 줌과 동시에 '지속가능한 개발(SDGs, Sustainable Development Goals)'의 가능성을 보여 주었다.

이러한 세계적 흐름 속에서 한국에서도 사회적경제가 대량 실업 문제뿐 아니라 복지 사각지대를 해소할 수 있는 대안으로 수용되면서 정책적으로 도입되기에 이른다. 이미 1800년대 후반부터 자생적으로 사회적경제기업들이 설립되고 운영되어 온 유럽에 비해, 한국은 일제강점기라는 역사적 단절의 굴곡을 겪다가, IMF 외환 위기 이후 실업과 빈곤의 문제를 해결하기 위한 실업 정책의 대안으로서 정부가 외국의 이론 틀을 빌려와 법제화하면서 본격 추진하였다(신명호, 2016). 이런 맥락에서 한국 사회적경제의 성장과 확산에는 '위로

김재경

부터' 일자리 정책으로서의 국가 역할이 매우 컸다는 태생적 배경이 있다. 당시 한국에서는 "구성원 참여를 바탕으로 국가와 시장의 경계에서 사회적 가치를 추구하는 경제활동"으로 포괄적으로 정의하였다(일자리위원회·관계부처합동, 2017).

사회적경제가 사회적기업을 필두로 2007년부터 본격 추진되면서, 근 15년간 빠른 성장을 거두었다. 현재 평가는 양면적이다. 긍정적으로는, 사회적경제기업의 양적 확대와 노동시장에서 배제된 소외 계층 일자리 제공, 시장이 충분히 공급하지 못한 사회서비스의 확충, 부처별 정책 사업 연계를 통한 육성, 사회문제 해결을 위한 소셜비즈니스 기업의 확장, 공공기관과의 협력 및 사회적 금융의 태동 등을 들고 있다. 동시에 사회적기업의 질적 하락과 지속가능성에 대한 우려, 사회적기업 성장 정책의 한계 노정, 일자리 창출 이외의 제한된 영역의 사회서비스 제공, 기업 활동의 임팩트 성과 부족 등의 비판적 시각도 자리한다. 차후에는 일자리 창출 중심에서 사회적기업 다양화로, 양적 성장에서 질적 내실화로, 개별 기업 성장에서 협업 성장 전략으로, 기업 경쟁력 강화에서 시민사회와의 연대 강화로의 전환이 필요하다는 제언도 있다(김혜원 외, 2022).

이제 사회적경제는 새로운 도전에 서 있다. 대외적으로는 전환의 시대에 '지역'에서 어떤 역할로 사회적경제의 공공성을 담보해 낼 것인가, 그리고 자생적 지속가능성을 어떻게 담보해 낼 것인가 하는 것이다. 이 두 도전에 맞대응할 길 찾기에는 과거의 성찰이 필수적이다. 그런 의미에서 지역을 기반으로 지역 발전 및 지역민의 삶의 보호를 위해 활동해 온 사회적경제의 경험과 맥락을 돌아보고 미래의 좌표 및 방향성을 설정해 보는 것은 의미가 있다.

사회적경제의 의미와 국내외적 동향

사회적경제는 자조적이고 협력적 방식으로 사회적 가치를 지향하는 경제적 활동이다. 세계적으로는 협력과 연대를 기반으로 한 사람 중심의 경제를 지칭하는 용어로 이해되고 있으며, 사회적경제를 '사회연대경제'로 포괄해 사용하기도 한다. 최근 들어 주요 국제기구(ILO, OECD, UNTFSSE)에서는 사회적경제 대신에 '사회연대경제'라는 용어를 사용하는 빈도가 늘고 있다. 사회연대경제는 사회적경제, 연대경제 또는 제3섹터를 포괄하는 용어로, 사단법인, 협동조합, 공제조합, 재단, 사회적기업, 자활기업, 그리고 사회연대경제의 가치와 원칙을 준수하는 여러 주체들을 포함한다. 두 개념의 역사적으로 축적된 공통된 특징은 상호 호혜와 신뢰에 기반한 연대와 협동이라고 볼 수 있다(OECD, 2022).

사회적경제에 대한 정의가 국가마다 다르고 그 현실태가 지역마다 상이한 만큼 정의와 특징은 상이하다. 그럼에도 사회적경제에 대한 비판적 시각이 지배하는 한국적 맥락과 달리, 세계적으로 신자유주의 측에서 사회적경제의 필요성이 거론되고 있는 것은 주목할 만하다. 코로나 이후 우리 사회는 더더욱 분절되고 개별화, 고립화되고 있으며 "사람과 관계 맺지 않아도 살아갈 수 있을 만큼 상품이 침투"되어 있음에도(다나카 히데기. 2021:14), 전 세계적인 정책 동향과 사회경제적 여건 변화는 사회적경제를 시대적 과제로 '요청'한다.

국제사회의 동향을 보면, 최근 들어 OECD(경제협력개발기구)나 EU(유럽연합), ILO(국제노동기구) 모두 사회적경제를 중요한 정책 실행 파트너로 주목하고 있다. OECD는 2022년 6월 '사회연대경제 및 사회혁신에 관한 권고안(OECD Recommendation on the Social and Solidarity Economy and Social Innovation)'을 발표했으며, EU는 2021년에서 2030년까지의 '사회적경제 행동계획(Social Economy Action Plan)'을 수립해 단계적으로 실행하고 있다. ILO(국제노동기구)는 2022년 제110차 국제노동총회(International Labour Conference)에서 사회연대경제에 대해 공식적으로 '정의(definition)'하고, '괜찮은 일자리와 사회연대경제(ILO Resolutiom Concerning Decent Work and the Social and Solidarity Economy)'를 주요 의제로 선정하였다. 최근 2023년 4월에는 UN에서 '지속가능한 발전을 위한 사회연대경제 촉진에 관한 유엔결의안(UN Resolution on Promoting the Social and Solidarity Economy for Sustainable Development)'을 승인하였다.

한국이 가입해 있는 OECD가 발표한 '사회연대경제 및 사회혁신에 관한 권고안'의 내용은 각국의 사회연대경제 정책 개발시 준수할

9개 영역의 권고 사항을 담고 있다. 무엇보다도 다양한 정책 목표를 혁신하고 실행하기 위해 사회적경제의 잠재력을 활용, 효과를 극대화해야 하며, 사회적경제의 인지도 및 가시성을 제고하고, 각 국가의 정책 개발 지원을 통한 정책 생태계를 강화할 것을 권고하고 있다. EU는 '사회적경제 실행 계획'을 통해 사회적기업에 대한 사회적 투자를 강화할 것과, 사회적경제 주체 발굴과 사회적기업 창업의 확장, 사회적경제기업과 지역 기업 간의 지역 파트너쉽 강화, EU 초국가 간의 파트너쉽 강화로 역량 강화 및 네트워킹, 정책적 제도 구축으로 사회적기업가의 혁신 및 일자리 창출 지원 등을 추진할 것을 강조한다. 미래 일자리에 주목하는 ILO는 양질의 일자리와 지속가능 발전을 위한 사회연대경제의 활동 근거를 제시, 사회연대경제와 일의 미래와의 연관성 속에 사회연대경제를 위한 우호적 환경 조성의 필요성 등을 거론하였다. 이렇듯 전 세계적으로 사회문제 해결의 사회적경제의 잠재력을 인정하고, 광범위한 확산을 위해 제도 및 정책 지원과 사회 문화의 조성 등을 위한 흐름에 동참할 것을 적극 독려하고 있다.

이러한 국제적인 환경 변화와 달리, 국내적인 사회적경제의 정책지원 방향 및 제도적 환경은 전면 축소되었다. 사회적기업의 인건비지원 방식이 직접 지원에서 간접 지원 방식으로 전환되고, 사회적경제기업의 사업적·조직적 내실화, 규모화(scale-up)와 사회적, 경제적, 환경적 가치 등의 성과 평가 등이 중요 과제로 설정되었다. 특히 사회서비스 혁신을 통한 복지 돌봄 서비스의 고도화 및 확산이 매우 비중 있는 성장 과제로 대두되었다. 이제 사회적경제기업 내의 자조적 연대와 협동을 통한 지속가능성 강화, '사회적경제스러운' 정체성의 확립 및 사업화를 통한 자기 증명, 사회가치 및 ESG와 연계한 민간 자원의 발굴 및 사업 연계가 필수적 당면 과제이다. 나아가 환경 위기에 대응한 지구촌 약속이라고 할 수 있는 세계적인 지속가능발전 목표, UN의 '지속가능한 개발(SDGs)'과 연계한 사업 발굴을 통해 객관적으로 측정가능한 '사회가치평가(Socail Value Index)'로 사회적경제의 공익적 정체성을 더 강화하고 증명할 필요가 요구되고 있는 시점이다.

2023년 현재, 국내 사회적경제의 전환은 매우 중요한 시대적 도전이자 기회이다. 기본적으로는 이미 코로나 팬데믹으로 인한 위기 시대의 대응을 경험 삼아, 정부 정책 지원에 기대지 않은 사회적경제의 자생성 확보 및 사회적경제의 활동 근거인 지역사회에서의 삶의 보호가 매우 중요한 과제이다. 특히 지방 시대의 지방 발전 전략으로서의 사회적경제가 '풀뿌리로부터의' 자치 역량의 강화 및 지역 혁신을 통한 지역력 회복의 순환경제 시스템 구축은 간과할 수 없는 역할이다(양준호 외, 2022).

본고에서는 먼저 대구 사회적경제의 현황을 점검하면서 대구 사회적경제의 경제적·사회적 성과를 검토하고, 지역사회에서의 자조·협력 사례를 살펴볼 것이다. 다중 위기 시대의, 또한 지방 소멸 시대의 궁극적 대안은 '지역화' 전략이며, 지역에서의 대안이 결국 지역민이 살고 있는 삶터를 보호하는 기반이기 때문이다. 자발적으로 스스로 돕고, 서로 돕는 행위, 사업, 제도가 지역의 성장을 이끌 내발적 발전을 유인하고, 사회를 강화함으로써 지역력을 회복할 수 있음은 매우 자명하다. 사례 분석를 통해 지역에서 주민들의 자조·협력 행위를 통해 생활 세계에 구체적으로 어떤 변화를 가져왔는가에 주목함으로써 민관 협치와 시민 참여라는 두 축이 지역 발전과 지역력 회복에 얼마나 중요한가를 가늠할 수 있을 것이다.

대구 사회적경제의 현황

'사회적 연결 지표'라고 할 수 있는 사회자본에 대한 기초가 부족한 한국 사회에서의 사회적경제, 특히 사회적기업은 취약 계층에 대한 고용 창출과 사회서비스 확충이라는 정량적 성과와, 기업 유치나 대규모 자본 투자을 통한 지역 활성화가 불가능하고 취업 기반이 취약한 농촌 및 도시 지역에서의 지역공동체 활성화라는 정성적 성과를 보여 주었다. 또한 사회적기업과 마을기업, 협동조합의 협동 경제, 호혜 경제라는 의미의 사회적경제 개념이 확산되었고, 지역 주민들이 공동체 경제의 주체로서의 정체성을 확립하게 되었으며, 사회적 목적을 추구하고 사회자본의 축적에 기여하는 새로운 비영리적

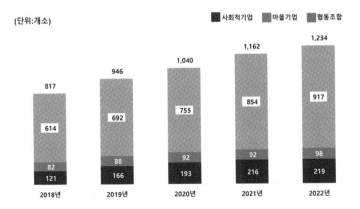

(단위:개소)

■ 사회적기업 ■ 마을기업 ■ 협동조합

	2018년	2019년	2020년	2021년	2022년
합계	817	946	1,040	1,162	1,234
협동조합	614	692	755	854	917
마을기업	82	88	92	92	98
사회적기업	121	166	193	216	219

[그림 1] 대구 사회적경제기업 수 (2018~2022년)

경제 영역에 대한 공감대 역시 계속 확산되고 있다.

대구 사회적경제의 현황을 간략히 보면, 양적·질적으로 의미 있는 성과를 보이고 있다.

대구 사회적경제기업의 수는 매년 증가하고 있으며, 특히 2018년 이후 성장세가 두드러지고 있다. 2022년 기준 사회적경제기업의 수는 사회적기업 219개소, 마을기업 98개소, 협동조합 917개소로 총 1,234개소이며, 2018년부터 모든 부문에서 지속적으로 증가하고 있다. 2018년 817개소였는데 2022년에는 1,234개소로, 2018년 대비 51%p 증가하였다(그림 1). 2022년 대구시 총 사업체 수와 비교하면

총 사업체 수 313,471개소 중 0.39%를 차지하며(통계청, 2023:72), 대구 총 인구수(행정안전부(주민등록인구), 2022년12월)를 중심으로 환산하면 인구 1만 명당 5.2개의 사회적경제기업이, 0.9개의 사회적기업이 존재한다. 부문별 비중은 2022년 기준 협동조합 74%, 사회적기업 17.7%, 마을기업 7.9% 순으로 나타난다.

매출 현황을 보면, 2022년 대구 사회적경제기업 총 매출액은 약 206,096백만 원으로, 2016년 52,880백만 원에 비해 약 4배 증가했다. 평균 25.7%의 성장률을 보이면서, 계속 증가하는 추세이다(그림 2). 기업별 매출액 평균액을 보면, 평균 528백만 원이나 매출액 중간값은 165백만 원으로 나타나 사회적경제기업 내의 매출 양극화를 읽을 수 있다. 2022년 부문별 매출액을 보면, 사회적기업은 총 매출액 160,053백만 원, 기업별 평균 773만 원이며, 마을기업은 총 매출액 14,054만 원 기업별 평균 192만 원, 사회적협동조합은 총 매출액 31,999백만 원, 기업별 평균 290백만 원으로 나타났다. 매출액의 부문별 비중은 사회적기업 77.7%, 마을기업 6.8%, 사회적협동조합 15.5%으로, 사회적기업 〉 사회적협동조합 〉 마을기업의 순으로 조사되었다(그림 3).

대구 사회적기업의 연도별 영업이익의 변화를 보면 사회적기업의 기업당 영업이익은 2022년 기준 −15,679천 원이다. 2021년 손실 규모가 크게 감소하였으며, 2022년에도 영업이익이 다소 호전되는 양성을 보이고 있다. 코로나19로 인한 경제 상황을 반영한 2020년

김재경

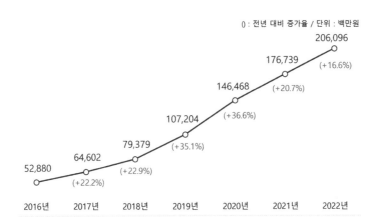

[그림 2] 대구 사회적경제기업 총 매출액 추이(2016~2022년)

[그림 3] 대구 사회적경제기업 부문별 매출액 현황

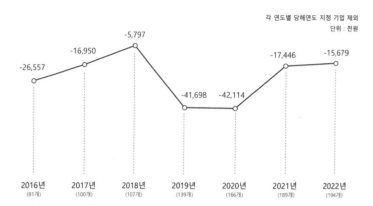

각 연도별 당해연도 지정 기업 제외

단위 : 천원

-5,797

-16,950

-26,557

-17,446   -15,679

-41,698   -42,114

| 2016년 | 2017년 | 2018년 | 2019년 | 2020년 | 2021년 | 2022년 |
| (81개) | (100개) | (107개) | (139개) | (166개) | (189개) | (194개) |

[그림 4] 대구 사회적기업 연도별 영업이익 변화

에 가장 낮은 –42,144천 원의 영업이익을 기록했으나, 2021년 영업

이익률이 크게 개선되었으며, 2022년 또한 개선되고 있는 것을 확인

할 수 있다(그림 4). 또한 연도별 대구 사회적기업의 총 수입 구조를

보면, 영업 활동을 통한 수입이 2016년 이후 평균 93.2%를 차지하고

있으며, 2021년 94.7% 이후 계속 상승, 2022년에는 95.6%를 기록하

고 있어 자립 가능성이 높아지고 있음을 알 수 있다(그림 5).

대구 사회적경제기업의 근로자 현황을 보면, 2022년 말 기준 총

6,506명으로 추정하며 부문별 근로자 수는 사회적기업 2,119명, 마

을기업은 372명, 협동조합(478개) 4,015명으로, 고용 비율을 보면

김재경

구분	기업 수	총 수입 (a+b) (천원)	매출액(a)		영업외 수익(b)	
			총액 (천원)	총 수입 대비 비율 (%)	총액 (천원)	총 수입 대비 비율 (%)
2016년	80개	581,249	547,494	94.2	33,755	5.8
2017년	99개	590,137	551,169	93.4	38,968	6.6
2018년	106개	675,217	636,010	94.2	39,207	5.8
2019년	139개	706,494	642,305	90.9	64,189	9.1
2020년	166개	700,940	623,401	88.9	77,539	11.1
2021년	189개	777,684	736,237	94.7	41,447	5.3
2022년	194개	851,818	814,678	95.6	37,139	4.4
인증	129개	962,064	921,373	95.8	40,690	4.2
예비	65개	633,021	602,930	95.2	30,090	4.8
전 기간 평균		697,648	650,184	93.2	47,463	6.8

[그림 5] 대구 사회적기업 총 수입 구조

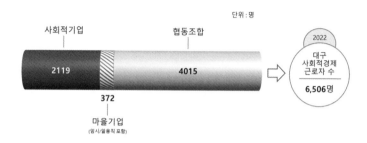

[그림 6] 2022년 대구 사회적경제기업 환산 총 근로자 수

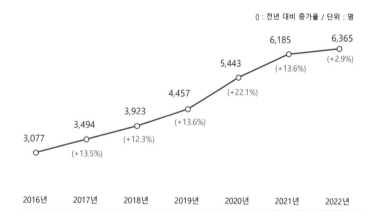

[그림 7] 대구 사회적경제기업 환산 총 근로자 수 추이

김재경

사회적기업 32.6%, 마을기업 5.7%, 협동조합이 61.7%로 나타난다(그림 6). 근로자 수의 변화 추이를 보면, 2016년 3,077명에서 2022년 6,365명으로 매년 지속적으로 증가하고 있으며, 2016년에 비해 2022년 근로자 수는 106.9%p 증가하였다(그림 7).

대구 사회적경제기업의 취약 계층 근로자 수는 2016~2018년 기간에는 감소하다가, 2019년 이후 지속적으로 증가 추세를 보이고 있으며, 특히 코로나19가 가장 심했던 2020년 대폭 상승하는 것을 볼 수 있다(그림 8). 2022년 기준, 사회적경제기업의 총 근로자 수 대비 취약 계층 근로자 비율은 25%로, 4명당 1명이 취약 계층 근로자로 나타난다.

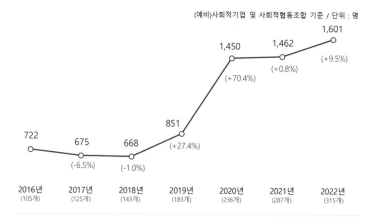

[그림 8] 대구 사회적경제기업 취약 계층 근로자 수 추이

한편 취약 계층 고용 성과가 매우 중요한 사회적기업을 중심으로 2022년 사업 보고서 경영 분석 자료를 보면, 대구 사회적기업의 총 근로자 수 중 취약 계층 근로자가 55.4%, 1,174명으로, 기업당 평균 10.2명을 고용하고, 그중 취약 계층은 5.7명으로 절반 이상을 차지하고 있다(그림 8). 전체 취약 계층 근로자의 유형별 취약 계층 비율을 보면, 고령자가 60.1%로 만 55~60세 미만이 35.7%, 만 60~65세 미만이 38.5%, 만 65~70세 미만이 18.6%, 만 70세 이상이 4.7%로 나타난다. 이외에도 장애인층은 15.4%, 저소득층 19%, 기타 5.5%이다(커뮤니티와 경제, 2023).

이는 사회적기업이 취약 계층 고용으로 은퇴자 및 고령자 등의 노동시장 진입을 통해 소득 및 추가가치 창출을 가능하게 할 뿐만 아니라, 취약 계층 고용율도 전체 고용율 중 55.4% 이상으로 높게 나타나고 있어 시장 진입이 어려운 사회적 소외 계층의 사회 통합 및 양극화 해소에 기여하는 바도 결코 적지 않음을 보여 준다. 사회적기업의 여성 대표 비율 46.4%, 청년 대표 비율 23.7%로 나타나고, 여성근로자 비율 67.7%, 청년 근로자 37.4%로 나타났다(그림 9).

한편 대구 사회적경제기업의 총 근로자 수 중 여성·청년 근로자 비율을 보면, 대구시 사업체 평균보다 높은 수준을 유지하고 있다. 2018년 이후 여성 근로자 비율은 지속적으로 증가하였으며, 2022년 말 기준 여성 근로자 비율이 71.4%로 여성 친화적 기업 특성이 강화되고 있음을 볼 수 있다. 한편 청년 근로자 비중의 경우 2018~2020

김재경

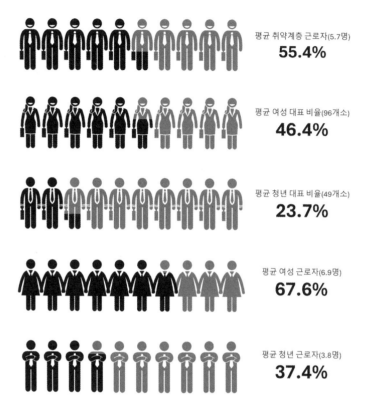

평균 취약계층 근로자(5.7명)
55.4%

평균 여성 대표 비율(96개소)
46.4%

평균 청년 대표 비율(49개소)
23.7%

평균 여성 근로자(6.9명)
67.6%

평균 청년 근로자(3.8명)
37.4%

* 2023년 사업보고서 제출 기준 대구광역시 (예비)사회적기업 207개소(인증 1129개소+예비 78개소)

[그림 9] 2022년 대구 사회적기업 대표자 및 근로자 현황

년에 증가 추세를 보이다가 이후 소폭으로 감소하였으나, 2022년까지 평균 40.2%로 대구시 평균 30.8%보다 7.4%p 높다. 2022년에도 37.4%로 대구시 30.2%에 비해 7.2%p 높은 비율로 조사되어, 대구시 사업체보다는 전체적으로 높은 비율을 유지하였다(그림 10). 청년들은 기성세대에 비해 성취, 자아 실현, 사회문제 해결에 의미를 두는 등 내재적 보상에 대한 선호가 큰 것으로 보이는데, 사회적경제 일자리는 외형적 보상보다는 일의 보람이나 사회적기업 등의 내재적 보상으로 성취감을 부여할 수 있어서라고 해석할 수 있다(삼성경제연구소, 2009; 유한밀, 2021:152). 주목할 만한 것은 2022년 말 기준 대구 사회적기업이 취약 계층의 인건비로 지출한 금액은 약 247억 원이었으나, 일자리 창출 사업을 통한 인건비 보조금은 40억 원 정도였으며, 그중 취약 계층 인건비 지원 금액은 약 24억 원이었다. 즉, 취약 계층이 받은 인건비의 10분의 1이 지원금이었으며, 나머지 10분의 9는 기업 자체 부담으로 임금을 지불한 것으로 해석할 수 있다.

일각에서는 사회적기업이 보조금으로 인건비를 지불하는 기업으로 거론하기도 하나, 대구 사회적기업 통계를 보면 근로자 임금의 10분의 1의 지원으로 1,174명의 지역 취약 계층의 일자리를 창출했으며, 양극화 해소 및 일자리를 통한 사회 통합의 효과를 가져왔다는 것으로 해석할 수 있다. 또한 2022년 전체 사회적기업에 등록된 근로자 수 2,119명 중 재정 지원을 받는 일자리는 338명, 15.7%, 기업 평균 1.6명이며, 자체 고용 일자리는 1,781명, 84.3%, 기업 평균 8.6

김재경

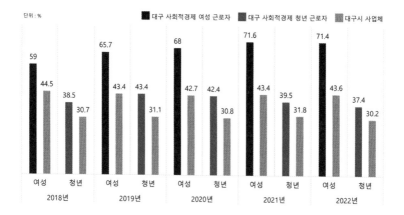

단위 : %

■ 대구 사회적경제 여성 근로자　■ 대구 사회적경제 청년 근로자　░ 대구시 사업체

[그림 10] 대구 사회적경제기업 여성·청년 근로자 수 추이

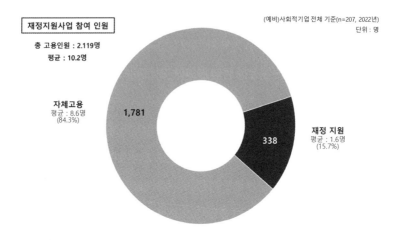

재정지원사업 참여 인원

총 고용인원 : 2,119명
평균 : 10.2명

자체고용
평균 : 8.6명
(84.3%)

1,781

338

재정 지원
평균 : 1.6명
(15.7%)

[그림 11] 대구 사회적기업 재정 지원 사업 참여 인원

　　　　　　　　　　　　　　　　　　　　　　　　　　　　　김재경

명이다. 즉 사회적기업의 총 근로자 10명 중 1명 혹은 2명이 재정 지원을 받고 있는 것으로 볼 수 있다(그림 11).

이상에서 본 대구 사회적경제기업의 현황을 보면, 기업 조직으로서 성장과 일자리 창출에 기여한 바가 적지 않음을 확인할 수 있다.

요약하면, 최근 5년 동안 대구의 사회적경제기업은 66%p 증가하였으며 근로자 수는 108%p 증가하였다. 청년·여성의 고용 비중도 높아, 대구시 기업 전체 청년 고용 비율이 30.2%인 데 비해 사회적경제기업은 37.4%로 7.5%p 높고, 여성 고용 비중도 대구시 전체 43.6%인 데 비해 71.4%로 사회적기업이 27.8%p 높은 것으로 나타났다. 또한 사회문제 및 공동체 문제 해결의 수단으로 자리매김하면서 친환경·녹색 제품, 장애인 및 1인 가구 등의 돌봄 가구의 서비스 영역, 문화 및 소셜벤처 영역의 청년 창업 등에서 우수 모델을 발굴, 확장해 왔다. 동시에 지역 신뢰에 기반한 민관 거버넌스 협치 시스템을 구축해 코로나19 시기에 정책 효과성을 극대화할 수 있었다. 다중적 협력 시스템을 만들기 위해 이미 2016년부터 시작한 민관 거버넌스의 활동 역량을 토대로 만들어진 각 부문별 협의회(사회적기업협의회, 마을기업연합회, 사회적협동조합협의회), 지역별 협의회(8개 구군별 사회적경제협의회)가 시간차를 두고 조직되었으며, 공동 판로 개척을 위해 공동 출자로 설립한 유통 판로 전문기업인 무한상사사회적협동조합(2017년 설립), (재)대구사회가치금융(2022년 설립) 등이 사회적경제의 자생적 생태계 구축을 위해, 축적된 전문 역량을 기반으로 전방위적으로 나서고 있다. 나아가 다양한 공공기관과 대학, 지역사회 주민들과 공동의 협업 모델을 통해, 소셜 프랜차이즈 기업 육성, 소상공인 금융 지원 사업, 리빙랩(Living Lab) 등을 통한 친환경 녹색 제품 개발 등, 지역 및 사회문제 해결에서 지역 내 혁신 그룹과의 연대를 통해 두드러진 성과를 드러내고 있다.

그럼에도 한계도 분명히 노정하고 있다. 15년간의 성장을 보면, 양적 확대와 함께 사회적경제에 관한 인식도 많이 향상되었지만 시민들이 피부로 느낄 정도의 임팩트 있는 질적 발전은 아직 미흡하다. 시민 체감도도 낮아, 대구 사회적경제의 인지도는 25% 안팎이며, 사회적경제 영역에서의 활동 정도는 5.7%이다(대구광역시, 2021). 사회적경제기업 간의 양극화도 심각하다. 매출액, 고용 규모, 사회적 가치 창출 규모를 볼 때 일부 사회적기업과 협동조합을 제외하고는 대부분 재무 구조가 열악하고 기업 규모가 영세해, 기업의 견실한 수익성과 재무 구조 확립이 시급하다. 사회적기업의 업종별 분포도 생활 분야 상품 제조 판매에 80% 이상 집중되어 있고, 사회적필요가 큰 돌봄 분야의 사회적경제기업의 진입은 늘고 있으나 전체 비중 가운데 여전히 낮다(2021, 대구 사회적경제지원센터).

사회적경제조직들 간의 양극화 극복, 경제적·사회적 가치를 추구하는 사회적경제조직으로서의 정체성 확보 등 한계 및 도전 과제 역시 만만치 않다. 이의 해결을 위해서는 내부적으로는 사회적경제 섹터 내의 문제점을 꾸준히 진단하고 지속적인 혁신 노력이 필요하다.

　　　　　　　　　　　　　　　　　　　　　　　　　김재경

인재 영입 및 공공 민간의 자원 연계를 통해 비즈니스 모델을 구축하고, 규모화를 위해 시민사회 조직과 민간 비즈니스 자원과 역량을 효과적으로 활용할 수 있는 혁신적 지원 시스템을 구축할 필요도 있다. 국민 생활과 밀접하면서 사회문제로 부각되는 중요 이슈에 대하여 사회적경제가 어느 정도 해결하고 있는지, 어느 정도 영향을 주고 있는지를 객관적으로 평가 측정하는 등 성과 지향적 관점을 어떻게 강화할 것인가에 대한 과제도 풀어야 할 큰 도전이다.

대외적으로는 앞으로 사회적경제가 지역에서의 유의미한 경제 단위로 활동하기 위해서는 신뢰와 연대, 협력의 가치를 바탕으로 기업 경쟁력을 강화하고, 지역사회 발전의 관점으로 지속가능성을 강화하며 무엇보다도 공동체적 접근으로 사회 안전망을 강화함으로써 지역사회를 안전하고 살기 좋은 곳으로 만드는 역할에 적극적으로 나서야 할 것이다. 코로나 시기의 위기 대응 경험을 바탕으로 공생을 위한 사회 가치, 공정한 경제를 위한 실행으로 '사회·경제 방역'에 적극 나서야 할 것이다.

다음으로는 대구의 자조·협동의 사례로 광역 단위의 사회적경제의 민관-민민 협력 거버넌스 사례와 로컬 단위 공동체 순환경제 사례를 검토하면서 지역 회복력 강화를 위한 가능성을 엿보고자 한다.

대구 사회적경제의 자조·협동 사례

광역 단위 자조·협동 사례: 민민-민관 거버넌스 구축

대구 사회적경제는 코로나19의 어려운 상황에서도 주변의 소외된 이웃을 돌보고 지역사회 활동을 전개하였다. 사회적기업 (주)공감씨즈 게스트하우스는 의료 봉사진을 위한 숙소를 대구에서 제일 먼저 열어 무료로 제공하였고, 마을기업 다울건설협동조합은 국가 안전망에서 제외되어 아무도 나서지 않았던 쪽방 및 노숙인들을 위한 무료급식을 진행하였다. 지역의 사회적경제인들이 십시일반 4,700여만 원의 성금을 모아 지역에서 도움이 긴요한 외국인 노동자와 학교 밖 청소년을 위해 기부하기도 하였다. 대구 사회적경제기업의 기부금은 약 7,900백만 원에 이르며 직접 생산물(서비스) 기부 현황을 금액으로 환산하면 총 횟수 197회, 2억2천만 원 정도로 추정된다(전인 외. 2020:28) 특히 취약 계층 문제 해결을 기업 가치로 삼는 기업들은 취약 계층 당사자가 직면한 문제 중 어느 부분이 가장 심각한지를 알고 있어 물품을 자비로 구입해 기부한 것도 71회, 6천7백만 원에 달하였다(『한국경제신문』 2020.04.01).

코로나팬데믹 시 대구 사회적경제의 위기 대응 사례는 지역 민관 협치의 원활한 정보·자원 공유와 현장 중심의 효과성을 충분히 가늠하게 한다. 사회적경제는 코로나19가 터지자 정부와 지자체가 움직이기 전에 소상공인 피해 극복을 위해 민관 합동의 유기적인 지원체

김재경

계를 구축함으로써 발빠르게 위기 대응 거버넌스를 가동시켰다. 대구에서 2월 18일 첫환자가 발생하고, 연일 예측 불가능한 피해가 본격화되던 2020년 3월, 행정·당사자 조직·중간지원기관으로 구성된 사회적경제 위기 관리 협의체 '코로나19 대응 TFT'를 만들었다. 서둘러 기업 현장의 고용·매출·지원 사항 등 기업이 처한 상황과 정책 지원을 요청하기 위한 실태 조사를 하고, 동시에 흩어져 있는 기업 현장의 의견 수렴을 거쳐 맞춤형의 신속한 대응이 불가피하다는 생각에서 출발해 사회적기업·마을기업·협동조합·자활기업의 느슨한 연대 조직으로서 가칭 '대구사회적경제가치연대'를 구성해 단일화된 민간 소통 창구를 만들었다. 코로나19 대응 TFT는, 사회 불안과 불확실성이 확산되는 위기 상황에서 현장의 목소리를 신속하고 정확하게 전달하는 것이 매우 긴요하다는 문제의식에서 출발해, 분산되어 독립적으로 활동하던 부문별 당사자 조직을 네트워크화해 대구를 포괄하는 사회적경제총연합단체로서 상위기구를 발족한 것이다.

코로나19 대응 TFT는 사회적경제기업 피해 현황 전수 조사 결과를 기반으로, 일자리 창출 사업, 지역 자율 사업 제안 등 코로나19 피해 기업 지원 정책을 중앙정부에 제안하였다. 코로나 대책 TF회의를 상설화해 우선적으로 '코로나 극복 기금'을 조성, 기부하고, 사회적경제 코로나19 극복을 위한 업종별(여행·관광·교육·공연예술·제조유통·먹거리 등) 장·단기 사업화 지원 프로젝트를 추진함과 동시에, 코로나19 극복을 위한 사업 활동에 대해 맞춤형 프로모션에 35개 기업을 지원하였다. 또한 피해 업종별 간담회 결과를 반영, 임대료 및 인건비 지원 사업을 직접 시행하였다. 이는 한국사회적경제연대회의 기금 1억 원과 대구클라우드펀딩 기금 4,500만 원을 합쳐 임대료 55개소, 인건비 25개소를 지원한 사업이었다. 동시에 "연대와 협동으로 일터를 함께 지키기 위해 고용 조정 0%를 선언한다"는 '고용 연대 선언'에 동참해 최대한 고용 유지 노력에 전력하였다(『이로운넷』 2020.03.36).

나아가 기업별 사업 전환을 목적으로 비대면 시장의 진입을 위해 비대면·온라인시장 진출을 위한 사업을 구상, 온라인몰 입장 및 이커머스시장 진출을 위한 역량 강화 및 프로모션 사업을 제안, 정책 지원이 가능하도록 조치하였다. 업종별 피해 지원으로 현장 체감도를 높이고, 단계별 지원 전략을 마련하여 위드코로나에서 포스트코로나시대를 대비하는 전략을 구축할 수 있었다. 민간의 자발적이고 능동적인 역량이 기존의 행정 및 정책 입안 체계와 맞물리면서, 신속하고 효율적인 위기 관리 시스템으로 가동될 수 있었던 것이다.

이렇듯 대구 전역의 사회적경제기업들의 연대 활동과 함께 지역에서도 기초자치단체별 새로운 움직임이 태동되었다. 향후 주변의 이웃 및 사회적 취약 계층을 위해 무엇을 할 것인가를 학습하는 시간이었고, 해야 할 일을 계획하는 시간이었다. 이후 대구 8개 구·군의 기초자치단체별 사회적경제협의체를 구성해 구체적으로 일상의 생활 밀착형 문제 해결을 위한 지역 의제 발굴 및 해결을 위한 다양한

김재경

실험을 시도하자는 움직임이 적극 나타났다. 그 가운데 가장 활성화된 것은 동구 안심 지역으로 동구사회적경제협의회가 선도적 역할을 하면서 7개 구·군의 크고 작은 움직임이 이어졌다. 지역 단위 협의체 활동으로 그 핵심에는 '평범하지만 특별한 안심 지역'(이영아, 2013)인 동구의 안심협동조합을 중심으로 한 네트워크가 그 빛을 발했다. 이어 내부 순환 거래 시스템을 구축하면서 생활 안전망을 만들어 내는 '안심마을사람들'의 사례도 로컬 단위 자조·협동 사례로 함께 검토하고자 한다.

로컬 단위 자조·협동 사례: 공동체 경제의 순환

대구 안심 지역은 코로나 시기에도 폐업한 기업이 없었다. 안심은 행정동으로는 안심 1·2·3·4동, 혁신동을 아우르는 동네로, 전체 인구수는 41,000여 명 정도다. 비행기 소음, 연탄 공장, 시멘트 공장, 그리고 대구 동구에서 가장 저소득층이 많은 동네로, 30년 이상 된 주거 단지와 대규모 아파트 단지가 마주 보고 있으면서, 롯데마트와 같은 복합 공간과 반야월장이라는 전통 5일장이 공존한다. 이 지역에는 다양한 사회적경제 조직이 25개 이상 활동하고 있고, 주민들의 말을 빌리면 1,000여 명의 사람들이 직간접적으로 활동에 관여한다. 2017년에 안심 지역의 30여 개 조직이 뭉쳐 결성된 주민 네트워크 '안심마을사람들'에는 2020년 현재 36개 단체가 활동한다. NGO, NPO, 자원봉사 단체, 협동조합 등의 다양한 성격의 사회적경제 조직들이 '아래로부터'의 오랜 연대를 기반으로 공동 경험을 쌓아 오면서, 사회자본의 경제화를 일구어 왔다.

주민 활동은 이미 90년대 중반부터 있었으나, 조직화된 것은 2008년 '반야월 행복한 어린이도서관'을 만들면서다. 2003년 초 흩어져 활동하던 주민들이 장애 아동과 비장애 아동이 어울릴 수 있는 어린이날 한마당 축제를 열었고, 이후 작은 도서관을 설립하기로 의기투합한다. 회원 출자금과 일일식당 후원금으로 전세금을 마련하는 등 우여곡절 끝에 '반야월 행복한 어린이도서관'을 개관하였다. 도서관 설립 이후 엄마 동아리 및 주민모임이 활성화되고, 이런 활동들이 나중에 각종 생활문제 해결형 협동조합이 만들어지는 바탕이 된다. 2010년 11월부터 지금까지 한 달에 두 번 열리는 어린이 용품 중고장터 '율하아나바다장터'도 주민들의 필요를 적절하게 연결시킨 만남의 장이었다. '율하아나바다장터'는 결혼 이주 여성과 발달장애인, 그리고 임대와 분양으로 구분하는 아파트 유형, 성별, 정치 성향, 건강 상태, 연령에 대한 구분 없이 어울릴 수 있는 장을 형성하는 효과가 있었다. 사회적경제를 받쳐 주는 마을 관계망이 탄탄해진 것이다.

2012년 협동조합기본법 제정 이후, 주민들은 법·제도적 지위를 갖고 활동하는 '먹거리' 경제 공동체를 기획한다. '안심주민생활커뮤니티'가 '안심협동조합'으로 2011년 설립되고, '땅 이야기'라는 로컬푸드 매장을 연다. 한사랑재단을 중심으로 발달장애인 일자리 창출

김재경

을 위한 '사람 이야기 카페'도 나란히 옆에 열었다. 2015년 두 매장을 이전하면서 '땅과 사람 이야기'로 매장을 통합, 2024년 현재도 이곳은 순환 상호 거래와 주민 활동의 거점 역할을 톡톡히 하고 있다. 경제 공동체와 생활 공동체의 결합된 시도를 하고 있는 것이다. 2013년에는 부모 중심으로 아이들 방과후학교인 '협동조합 둥지'가, 맞춤형 반찬 가게 '달콤한밥상협동조합', 주민 무담보 무신용 소액 대출을 목적으로 한 '대동계' 등 일상의 필요를 충족시키기 위한 다양한 분야의 사회적경제조직들이 주민 출자로 설립되었다.

이런 활동들이 주축이 되어 2017년에 조직한 우산조직으로서의 '안심마을사람들'은 현재 35여 개 이상의 조직이 참여하고 있으며, 회원 조직 대표가 전원 운영위원으로 참여한다. SNS와 밴드, 오프라인 등을 통한 소통으로 교육, 복지, 사회적경제, 지역 문화 영역에서 마을 사업을 함께 준비한다. 이들 경제 조직들은 교육, 보육, 소비, 환경, 공동체, 여가 등의 영역에서 '작은 공공 영역'들을 만들거나 활성화시키면서 협력, 호혜, 자율성, 민주성 어느 것도 놓치지 않으려고 노력한다(김영희, 2020).

안심 지역은 장애인·공동체·주민이 핵심 가치이다. 마을의 사회적경제는 장애 아동과 비장애 아동을 같이 키우던 부모들이 마을에서 같이 살 방법을 공유하는 문제의식에서 출발해 시작했다. 주민들은 주거, 복지, 돌봄의 파편화되고 분절된 체계를 '안심'이라는 지역을 중심으로 지역사회 통합 돌봄 체계로 포괄해 만들었다. 취학 전

아동을 위해서는 '부모협동조합 동동어린이집'을 설립하고, 지역 내 제대로 된 아이들을 위한 방과후학교가 없다고 여길 때 '교육협동조합 둥지'를 만들었다. 장애 청년들이 청소년기를 지나 사회 진출이 어려울 때 카페에서 바리스타 교육을 하고 이들이 서빙하는 '사람 이야기' 카페를 만들었다. 마을의 필요한 일을 위해, 그리고 급전이 필요한 주민들을 위해 '대동계'도 운영한다. 이들 조직들의 먹거리는 물론 '땅과 사람 이야기'에서 구매한다. '땅과 사람 이야기'나 '대동계'는 수익이 나면 늘 마을 축제 등 지역에 재투자한다.

'주택협동조합 공터'도 공유 주택 1호, 2호까지 만들고, 수익을 지역에 돌려주는 물적 기반도 조성했다. 안심협동조합에서는 장애 청소년들의 일자리 주거 공간을 마련하고 태양광발전소를 짓는 등 지역 자산화 활동도 계속 이어 가고 있다. 태양광발전소를 짓는 데는 안심마을신용보증기금이 대출을 해 주고 신협이 도와줘, '안심에너지협동조합'이 주민 주도 햇빛발전소를 준공하였다. 이들 안심마을 사람들은 자신들의 생활에 필요한 교육, 복지, 문화, 먹거리 등의 분야에서 협동조합을 만들고 협동조합 간의 네트워크를 통해 자립과 자치, 돌봄과 나눔으로 호혜의 지역을 만들고 있는 것이다. 사업 연합을 통해 주민 공공 지대를 만들고 개별 협동조합의 진영을 넘어 생활 세계 속에서 활동한다. 협동조합에서 먹거리를 구매하고, 협동조합에서 아이들을 교육하고 놀며 여가를 즐기고, 돈이 필요하면 빌릴 수 있는 지역을 만드는 것이다.

김재경

코로나를 겪으면서 기업들의 생존 위기도 적지 않았으나, 안심마을의 경제 조직들은 '기적'처럼 어느 곳도 폐업하지 않았다. 각 조직들이 마을 수요를 기반으로 내부 시장을 키우고, 상호 거래를 통해 지지 기반을 만들어 생존을 모색한 결과이다. 지역 및 주민 필요에 따라 지역 사업을 추진하고, 지역의 생산과 유통, 소비를 조직화함으로써 지속가능한 경제 기반을 만들면서, 지역순환경제 시스템을 자연스레 구축한 것이다. 성장제일주의 혹은 성장 잠재력의 극대화에 몰두하는 것이 아닌, 동네 혹은 지역 단위에서 발생하는 생활의 문제와 복지적 필요를 상호부조, 공유 경제, 내부 순환을 통한 경제행위를 통해 지역에서 해결하는 자조 시스템으로 해결하려는 것이다. 주민들은 생산과 소비가 단순히 개인의 경제활동이 아닌, 환경과 나와 이웃의 안녕에 영향을 끼치는 행위라는 점을 잘 알고 있다. 안심 지역은 '마포공동체네트워크'처럼 동네이용쿠폰 발행, 공동체 화폐까지는 진전되지 않았으나 분야별 협력 수준에 따라 다양한 협력을 시도하고 있고, 그 핵심에 늘 사회적경제 조직을 포함, 지역 조직들의 역동이 자리하고 있다.

안심에서는 아동부터 성인까지 장애인과 비장애인들이 마을에서 교육과 치료를 받고, 취미 활동을 즐기며, 취업해 살아간다. 2022년 현재 발달장애인 27명이 반찬 가게 및 카페 직원, 어린이집 보육 교사, 도서관 청소원 등으로 일한다. 악기, 낚시와 같은 마을 동아리에도 참여한다. 안심 1동에 흩어져 있는 30여 단체를 중심으로 공동체·

사회적경제가 촘촘하게 '생활 세계의 안전장치'로 엮여 있음을 보여 준다. 이들이 생각하는 좋은 삶이 가능한 바탕은 좋은 동네, 좋은 공동체이다. "총회 안 하면 안 만난다"는 마음으로, 생활 정치, 협동 문화, 지역 자산화, 복지 등의 영역에서 지역을 더 좋은 삶터, 일터, 놀이터로 만들어 낼 고민 중에 있다. 이들이 보는 지역은 무한한 역동과 가능성의 장소이다. 지역민들이 공동체 속에서 '나다운 삶'이 가능하도록, 작은 관여과 돌봄이 가능한 사회를 '연결에서 연대'로 확장해 나가는 것이 가능함을 여기서 본다. 동시에 이런 과정 속에서 '더불어 사는 나'를 깨닫는 주민들은 '좋은 시민'으로 성장한다. 생태 위기나 이기주의적 생활양식이 사람들 사이의 신뢰나 안전을 위협하는 상황에서 공공선(Common good)의 추구는 쉽지 않은데 이들은 공공지대를 만드는 플랫폼을 동시에 '우리'라는 정체성 안에서 사회적경제 조직을 통해 집합적 실천으로 만들어 나가는 것이다

맺는 말

인간은 근대 이후, 생존에 필요한 재화와 서비스를 생산하고 분배하는 데에 시장보다 더 효율적이고 활동적인 공간을 발견하지 못했다. 시장 속에서 사회문제 해결의 대안을 찾아가는 사회적경제의 대구에서의 활동 현황과 위기 시대의 대응 방식에 대한 앞의 두 사례

김재경

는, 시장 속에서 '우리가 생각하는 방식, 살아가는 방식'에 대한 다른 질문을 던지면서, 시장경제에서 협동의 방식으로 '보완적'이면서도 '대안적' 자생력을 확보해 나가는 경제활동을 보여 준다. 또한 중앙 및 지방정부의 정책적 지원으로 일방적으로 급조된 시스템이 아닌, '더불어 살기'를 지향하는 사람들의 집단적 노력과 상상력으로 사회적경제의 연대 조직화와 로컬 단위에서 안심마을이 형성되어 왔음을, 동시에 이러한 '스스로 돌보는 자조적' 움직임이 사회적경제 활동을 통해 일상의 생활 세계 속에서 상당히 착근해 있음을 보여 준다 (김재경, 2022:124).

이제 우리 사회는 분명 새로운 국면을 맞고 있다. 사회적경제에 대한 기대감과 필요성에 대해서는 공감하는 바가 크지만, 그 기대에 부응하는 역할을 잘해 왔는가와 내실을 갖추고 있는가는 스스로 성찰할 지점이다.

사회적경제는 시장 참여를 통해 생산성과 재원을 확보하되 그 성과를 사회문제 해결에 사용하고 인간 중심의 가치를 실현하기 위해 도전하는 경제 시스템이다. 사회적 목적을 우선 추구하기 때문에, 시장과 국가가 해결하지 못하거나 접근하지 못하는 영역에서 주민들의 다양한 구체적 욕구를 적절하게 충족시킬 수 있으며, 동시에 영리적 성격으로 여러 서비스를 제공하면서도 지속가능한 경영 기반을 갖출 수 있다. 따라서 사회적경제기업들은 상품과 서비스 부문에 대한 적절한 비즈니스 모델을 구축하는 방식을 통해, 외부 지원에 의존하지 않고도 지역에 다양한 복지 혹은 사회 안전망을 만드는 데 중요한 역할을 할 수 있을 것으로 기대되기도 한다. 또한 요즘과 같은 재난이 일상화된 위험 사회에서의 지역 생존 및 지역 발전은 자조적이면서도 협력하는 역량을 통해 지역력을 확보하는 것 역시 매우 중요한 사회적경제의 과제일 것이다.

앞에서 소개한 코로나19 시기의 거시적 광역 단위 대응 사례는 민관-민민 거버넌스형 정책 및 제도적 지원의 효율적 추진 방식의 당위성을 보여 준다. 코로나19라는 위기 상황에서 피해 기업의 실태가 반영된 단일화된 의견 수렴과 적절한 정책 제안 및 우선순위의 결정은 위기 상황 극복에 중요한 전달 체계로 역할을 수행했다. 국가의 자원과 정책만으로 해결하기 어려운 사회·경제적 문제를 민간 역량과 네트워크를 결합해 실행 가능성을 높이는 민관 거버넌스형 정책 추진 방식은 전 세계적으로 대세이다. 민관 협치를 통해 자치적 문제 해결 역량이 강화되면 지역사회 돌봄의 문제를 포함, 장기적으로는 생산력과 소비력이 유지될 수 있는 '사회적경제조직 간의 협력'으로 지역 순환경제 역량을 지역에 구축할 수 있다.

안심 지역의 미시적 로컬 단위 대응 사례에서는 지역에서 안전한 먹거리와 문화, 교육, 여가, 돌봄 등을 이웃 간의 상호 관여를 통해 내가 속한 공동체에 연결시킨 활동으로, 비영리-공공-민간 부문들의 경계를 넘나들면서 생활 세계 내 사회 안전망의 구축, 협동의 사회 시스템 구축 등의 건강하고 안전한 삶이 가능한 사회를 만들고자 하

김재경

는 모습을 읽을 수 있다. 이를 보면 사회적경제를 통한 호혜적 상호 거래로, 생활공동체·경제공동체가 활성화하고 '밑'으로부터의 지역 사회 개발로 탄탄한 지역 회복력을 구축할 수 있음을 알 수 있다.

'작은 협동'을 통해 지역 내에 건강한 관계망을 형성해 가는 것은 시장 논리로 풀 수 없는 제반 사회문제를 해결하는 데 매우 중요한 과정이다. 주목할 만한 것은 '작은 협동'이 지역 내의 여러 단체, 주민들과의 어우러짐 속에서 '새로운' 협동을 생산하고 사회를 재조직화하고 있다는 점이다. 안심 지역의 사례는 지역 공동체 육성과 지역 경제 활성화 등 지방 도시 문제를 해결하는 한 대안으로 볼 수 있지만, 적용·확산에는 난관이 적지 않다. 비가시화되고 당연시되어 온 '그림자노동', 즉 경제적 수치에 반영되지 않지만 현실에서는 일상생활과 사회의 재생산에 필요한 이웃 간의, 공동체 간의 상호 돌봄과 배려가 저변에 깔려 있다. 그 바탕 위에 이들은 '민주적' 집합 의지로 주민 참여, 골목 상권, 지역 복지 등의 영역에서 공공과 민간 자원을 엮고 세대와 업종, 조직을 아울러 대안을 찾고자 노력한다. 이는 지역사회가 안전하고 건강하기 위해서는 '보이지 않는 손'과 낸시 폴브레의 '보이지 않는 가슴'이 반드시 자리해야 함을 시사한다.

지금과 같은 불확실성과 혼돈의 시기는 시대 전환을 위한 전방위적인 노력이 필요한 시기이다. 위기 시대에 나타나는 여러 복합 문제들의 해결은 갈수록 생활 세계의 문제의식과 지역적인 실천, 그리고 거시·미시적 영역에서의 협력을 요구하고 있다.

궁극적으로 사회적경제의 지속가능성은 '사람 중심의 경제'라는 가치를 놓치지 않는 것이 우선이다. 동시에 현장에서 추구하고 실천해 온 인간적인 삶, '좋은 삶'을 위한 자조적 노력들에 기반하고, 협동을 통해 공동의 재원을 확보함으로써 생활 위험을 최소화하면서 주거·교육·문화의 질을 높이고 행복의 질을 강화해야 가능하다. 지역민들이 지역에서 더 자유롭고 안정적인 삶을 영위하도록 하기 위해서 정치·경제 영역에서의 보완적, 혹은 대안적 노력들이 우리의 삶을 어떻게 바꾸어 나갈지는, "세계적으로 생각하고 지역적으로 행동하라"는 자크 엘륄의 말처럼 현장에서 '작은 협동'을 어떻게 더 기획하고 실천해 할 것인가 하는 의지와 노력에 달려 있다.

김재경

참고 문헌

안숙영 / 전환의 시대와 젠더

김양현(2021), 「포스트코로나 시대, 인류의 생존, 자연과의 공존, 그리고 대전환의 문제」, 『동서인문』 17: 463-490.

김은희(2021), 「기후위기 시대의 돌봄 민주주의: 대안적 정치체제와 탈성장 전환의 모색」, 『여/성이론』 45: 120-145.

김현미(2020), 「코로나 시대의 '젠더위기'와 생태주의 사회적 재생산의 미래」, 『젠더와 문화』 13(2): 41-77.

무라카, 바르바라(2016), 『굿 라이프: 성장의 한계를 넘어선 사회』, 이명아 옮김, 문예출판사.

문성훈(2021), 「포스트 코로나 시대 기본소득을 위한 인정 투쟁」, 『사회와 철학』 41: 1-28.

미즈, 마리아(2014), 『가부장제와 자본주의: 여성, 자연, 식민지와 세계적 규모의 자본축적』, 최재인 옮김, 갈무리.

미즈, 마리아·베로니카 벤홀트-톰젠(2013), 『자급의 삶은 가능한가: 힐러리에게 암소를』, 꿈지모 옮김, 동연.

박이은실(2022),「지금 탈성장: 자급과 증여(순환) 관계 재구축을 통해 풍요롭고 지속가능한 사회가 가능하게」,『여/성이론』46: 12-42.

백영경(2020),「탈성장 전환의 요구와 돌봄이라는 화두」,『창작과 비평』48(3): 36-48.

브란트, 울리히·마르쿠스 비센(2020),『제국적 생활양식을 넘어서: 전 지구적 자본주의 시대의 인간과 자연에 대한 착취』, 이신철 옮김, 에코리브르.

서영표(2022),「생태주의, 페미니즘, 그리고 사회주의: 위기의 시대, 전환의 길 찾기」,『문화과학』109: 279-304.

솔론, 파블로·크리스토프 아기똥·주느비에브 아잠 외(2018),『다른 세상을 위한 7가지 대안』, 착한책가게.

안숙영(2021),「성장의 한계를 둘러싼 독일에서의 논의와 젠더적 함의: 마리아 미즈의 빙산 모델을 중심으로」,『세계지역연구논총』39(2): 53-81.

안숙영(2022),「독일에서의 탈성장 운동과 돌보는 남성성 논의」,『세계지역연구논총』40(2): 105-129.

주윤정(2020),「상품에서 생명으로: 가축 살처분 어셈블리지와 인간-동물 관계」,『농촌사회』30(2): 273-307.

최명애(2021),「재야생화: 인류세의 자연보전을 위한 실험」,『환경사회학연구 ECO』25(1): 213-255.

키테이, 에바 페더(2016),『돌봄: 사랑의 노동』, 김희강·나상원 옮김, 박영사.

트론토, 조안 C(2014),『돌봄 민주주의: 시장, 평등, 정의』, 김희강·나상원 옮김, 아포리아.

파텔, 라즈·제이슨 무어(2020),『저렴한 것들의 세계사』, 백우진·이경숙 옮김, 북돋움.

혹실드, 앨리 러셀(2013),『나를 빌려 드립니다: 구글 베이비에서 원톨로지스트까지 사생활을 사고파는 아웃소싱 자본주의』, 류현 옮김, 이매진.

홍덕화(2021),「전환정치의 이정표 그리기: 생태적 현대화와 탈성장, 생태사회주의의 분기점과 교차점」,『환경사회학연구 ECO』25(1): 131-168.

홍덕화(2022),「커먼즈로 전환을 상상하기」,『환경사회학연구 ECO』26(1): 179-219.

Allmendinger, Jutta(2020), "Zurück in alte Rollen: Corona bedroht die Geschlechtergerechtigkeit," *WZB Mitteilungen* 168: 45-47.

Bauhardt, Christine, Gülay Caglar und Birgit Riegraf(2017), "Ökonomie jenseits des Wachstums - Feministische Perspektiven auf die (Post)Wachstumsgesellschaft," *Feministische Studien* 35(2): 187-195.

Bemmann, Martin, Birgit Metzger, Roderich von Detten(Hrsg.)(2014), *Ökologische Modernisierung: Zur Geschichte und Gegenwart eines Konzepts in Umweltpolitik und Sozialwissenschaften*, Frankfurt und New York: Campus Verlag.

Biesecker, Adelheid und Uta von Winterfeld(2022), "Externalisierung," Daniela Gottschlich, Sarah Hackfort, Tobias Schmitt und Uta von Winterfeld(Hrsg.), *Handbuch Politische Ökologie: Theorien, Konflikte, Begriffe, Methoden*, Bielefeld: Transcript Verlag. S, 359-364.

Bücker, Teresa(2020), "Zeit, die es braucht: Care-Politik als Zeit-Politik," *Aus Politik und Zeitgeschichte* 45: 4-9.

Butollo, Florian und Cornelia Starit(2022), "Deglobalisierung, Rekonfiguration oder Business as Usual? COVID-19 und die Grenzen der Rückverlagerung globalisierter Produktion," *Berliner Journal für Soziologie* 32: 393-425.

Dengler, Corinna and Miriam Lang(2022), "Commoning Care: Feminist Degrowth Visions for a Socio-Ecological Transformation," *Feminist Economics* 28(1): 1-28.

Dengler, Corinna, Miriam Lang and Lisa M. Seebacher(2022), "Care: An Overview of Strategies for Social-Ecological Transformation in the Field of Care," Nathan Barlow, Livia Regen, Noémie Cadiou et. al.(eds.), *Degrowth & Strategy: How to Bring About Social-Ecological Transformation*, Mayfly Books, pp.311-324.

Dörre, Klaus(2019), "Kapitalismus, Wachstum und Rambo-Maskulinität: Die Perspektive einer Landnahmetheorie," Sylka Scholz und Andreas Heilmann (Hrsg.). *Caring Masculinities? Männlichkeiten in der Transformation kapitalistischer Wachstums- gesellschaften*, München: Oekom Verlag. S, 79-93.

Dröge, Susanne(2022), "Der Europäische Green Deal," *Aus Politik und Zeitgeschichte*

72(3-4): 24-30.

Eigner, Ernest und Hendrik Theine(2018), "Alltag im Kapitalismus: Die imperiale Lebensweise," *Wirtschaft und Gesellschaft* 44(1): 117-121.

Gabriel, Leo Xavier und Josef Mühlbauer(2022), "Thematische Einführung dieses Buches," Josef Mühlbauer und Leo Xavier Gabriel(Hrsg.), *Zur imperialen Lebensweise*, Wien und Berlin: Mandelbaum Verlag. S. 9-12.

I.L.A.Kollektiv(Hrsg.)(2017), Auf Kosten Anderer? *Wie die imperiale Lebensweise ein gutes Leben für alle verhindert*, München: Oekom Verlag.

I.L.A.Kollektiv(Hrsg.)(2019), *Das Gute Leben für Alle: Wege in die solidarische Lebensweise*, München: Oekom Verlag.

Lessenich, Stephan(2008), *Die Neuerfindung des Sozialen: Der Sozialstaat im flexiblen Kapitalismus*, Bielefeld: Transcript Verlag.

Lessenich, Stephan(2016), *Neben uns die Sintflut. Die Externalisierungsgesellschaft und ihr Preis*, Berlin: Hanser.

Winker, Gabriele(2015), *Care Revolution: Schritte in eine solidarische Gesellschaft*, Bielefeld: Transcript Verlag.

Winker, Gabriele(2021), *Solidarische Care-Ökonomie. Revolutionäre Realpolitik für Care und Klima*, Bielefeld: Transcript Verlag.

Zelik, Raul(2020), "In Verteidigung des Lebens: Über die Corona-Pandemie, die sozial-ökologische Großkrise und die Möglichkeit eines neuen Sozialismusgebriffs," *Prokla: Zeitschrift für kritische Sozialwissenschaft* 50(2): 345-353.

국립국어원(2022), '전환', 『표준국어대사전』, https://stdict.korean.go.kr/search/searchView.do(검색일: 2023.1.24).

김지숙(2020), 「제인 구달 '코로나19 원인은 동물학대'」, 『한겨레』, 2020.4.13. https://www.hani.co.kr/arti/animalpeople/human_animal/936781.html(검색일: 2023.1.10).

원용진(2020), 「가정 공간에 들어온 공적 공간… 재택근무의 신풍경」, 『대한 전문건설신문』, 2020.3.16. https://www.koscaj.com/news/articleView. html?idxno=208303(검색일: 2023.1.10).

Southern Voice and United Nations Foundation(2022), "How the Care Economy Needs to Change for a New Social Contract," March 22, 2022. http:// southernvoice.org/how-the-care-economy-needs-to-change-for-a-new- social-contract(검색일: 2023.2.20).

박혜영 / 생태 위기와 에코페미니즘의 '젠더'론

공윤경 외(2017), 『생태와 대안의 로컬리티』, 부산대학교 출판부.

박혜영(2009), 「생태파괴시대의 페미니즘」, 『영미문학페미니즘』, 17:1, pp. 81-105.

우에노 치즈코(2010), 『여성 혐오를 혐오한다』, 나일등 옮김, 은행나무.

조지프 스티글리츠(2913), 『불평등의 대가: 분열된 사회는 왜 위험한가』, 이순희 옮 김, 열린책들.

조현준(2014), 『젠더는 패러디다』, 현암사.

주디스 버틀러(2006), 『젠더 트러블: 페미니즘과 정체성의 전복』, 조현준 옮김, 문학 동네.

토마 피케티(2014), 『불평등 경제』, 유영 옮김, 마로니에 북스.

클라이브 해밀턴(2018), 『인류세』, 정서진 옮김, 이상북스.

D'eaubonne, Françoise(2008), "The Time for Ecofeminism" in *Ecology*, Ed. Carolyn Merchant. New York: Humanity Books.

Gaard, Greta(2011), "Ecofeminism Revisited: Rejecting Essentialism and Re-placing Species in a Material Feminist Environmentalism," *Feminist Formations*, 23:2. pp. 26- 53.

Merchant, Carolyn(1992), *Radical Ecology: The Search for the Livable World*, New York:

Routledge.

Mies, Maria(1998), *Patriarchy & Accumulation on a World Scale*, New York: Zed Books.

_____ & Veronika Bennholdt-Thomsen (1999), *The Subsistence Perspective*, New York: Zed Books.

Mellor, Mary(2007), "Ecofeminism: Linking Gender and Ecology" in *The Sage Handbook of Environment and Society*, Ed. Jules Pretty & All, Sage Publications.

Plumwood, Val(1994), "The Ecopolitics Debate and the Politics of Nature" in *Ecological Feminism*, Ed. Karen Warren, London: Routledge.

Warren, Karen(1994), "Toward an ecofeminist peace politics" in *Ecological Feminism*, Ed. Karen Warren, London: Routledge.

_____ (2000), *Ecofeminist Philosophy*, New York: Rowman & Littlefield.

"The Greta Thunberg Effect: The Rise of Girl Eco-Warriors," Forbes, https://www.forbes.com/sites/bonniechiu/2019/09/19/the-greta-thunberg-effect-the-rise-of-girl-eco-warriors/#36dcd2ba407f.

김태훈(2018), 「혼밥의 일상화 '외로운 한국인'」, 『주간경향』, 2018.5.8, https://weekly.khan.co.kr/khnm.html?mode=view&artid=201804301430421&code=115.

김은희 / 기후위기 시대의 돌봄 민주주의와 탈성장 전환의 모색

김은희(2021a), 「K-그린뉴딜, 젠더관점으로 보기: 정책 너머 정치를 말할 수 있을까」, 『포스트 성장사회와 페미니즘 돌봄 전환』, 2021년 춘계학술대회 자료집, 한국여성학회.

김은희(2021b), 「노인돌봄, 지역사회 통합돌봄(커뮤니티 케어)에 관한 질문들: 페미니스트로 살아가고자 하는 생활인의 관점에서」, 『포스트 코로나, 돌봄의 배분과 그 전환을 위한 모색』, 2021년 추계학술대회 자료집, 한국젠더법학회.

김은희(2021c), 「기후위기와 여성: 페미니스트정치 그리고 민주주의」, 『다른미래포
　　럼』, 자료집, 한국여성정치연구소.

김희강(2022), 『돌봄민주국가: 돌봄민국을 향하여』, 박영사.

더 케어 컬렉티브(2021), 『돌봄선언: 상호의존 정치학』, 정소연 옮김, 니케북스.

라투르, 브뤼노(2021a), 『지구와 충돌하지 않고 착륙하는 방법: 신기후체제의 정치』,
　　박범순 옮김, 이음.

라투르, 브뤼노(2021b), 『나는 어디에 있는가?: 코로나 사태와 격리가 지구생활자들
　　에게 주는 교훈』, 김예령 옮김, 이음.

말름, 안드레아스(2021), 『코로나, 기후, 오래된 비상사태: 21세기 생태사회주의론』,
　　우석영·장석준 옮김, 마농지.

박이대승(2021), 「'몇명만 참아' 한국에는 없는 어떤 공동체」, 『주간경향』, 2021.10.1.

브라켈, 벤야민 폰(2021), 『피난하는 자연: 기후변화 시대 생명들의 피난 일지』, 조연
　　주 옮김, 양철북.

여미진 외(2017), 『한국형 복지모형 구축: 복지환경의 변화와 대안적 복지제도 연구』,
　　보건사회연구원.

이유진(2020), 「한국 사회 페미니스트 그린뉴딜 탐색」, 『여/성이론』, 43: 12-27.

장숙랑·백경흔(2019), 『돌봄의 불평등과 가족간병자 문제』, 사회건강연구소.

트론토, 조안(2014), 『돌봄 민주주의』, 김희강·나상원 옮김, 아포리아.

프라샤드, 비자이(2018), 『아스팔트를 뚫고 피어난 꽃-자본주의 시대 기후변화에 대
　　한 단상』, 추선영 옮김, 두번째테제.

프레이저, 낸시(2021), 『낡은 것은 가고 새것은 아직 오지 않은: 신자유주의 헤게모니
　　의 위기 그리고 새로운 전망』, 김성준 옮김, 책세상.

프레이저, 낸시·아루짜, 친지아·바타차리아, 티티(2020), 『99% 페미니즘 선언』, 박지
　　니 옮김, 움직씨.

Abazeri, M(2022), Decolonial feminisms and degrowth, Futures 136.

Asmae Ourkiya(They/Them)(2021), *Why the European Green Deal needs ecofeminism:
　　Moving from gender-blind to gender-transformative environmental policies*, EEB &

wecf.

Baker, S(2012), "Climate Change, the Common Good and the Promotion of Sustainable Development," in *Governance, Democracy and Sustainable Development: Moving Beyond and Impasse*, Edward Elgar.

Barca, S(2020), *Forces of Reproduction: Notes for a Counter-Hegemonic Anthropocene*, Cambridge University Press.

Bauhardt, Christine(2017), "Economics," in *Gender: Matter*, Macmillan Interdisciplinary Handbooks.

Bauhardt, Christine(2019), "Nature, Care and Gender–Feminist dilemmas., *Feminist Political Ecology and the Economics of Care: In Search of Economic Alternatives*, Routledge.

Beeson, M(2010), "The coming of environmental authoritarianism", *Environmental Politics* 19(2):276-294.

Carrington, Damian(2019), "Climate emergency: world 'may have crossed tipping points'," *The Guardian*, 2019.11.27.

Chancel, Lucas(2021), *Climate Change and the Global Inequality of Carbon Emissions 1990-2020* (summary), World Inequality Lab, Paris School of Economics.

Daniel, Tara & Dolan, Mara(2020), "Intersectionality and collective action: visioning a Feminist Green New Deal in the US", *Gender & Development*, 28(3): 515-533.

Dengler, C., & Strunk, B(2018), The Monetized Economy Versus Care and the Environment: Degrowth Perspectives On Reconciling an Antagonism, Feminist Economics 24(3): 160 – 183.

Eversberga, Dennis. Schmelzera, Matthias(2023), Degrowth and Masculinities: Towards a gendered understanding of degrowth subjectivities. Degrowth Journal Vol.1, May 3, 2023, pp 1-14.

Feminist Green New Deal Coalition(2021), *Building Narratives for a Caring Green Economy: A Feminist Green New Deal Coalition Report*, 2021.9.

Fraser, Nancy(2021), *Cannibal Capitalism: How our System is Devouring Democracy,*

Care, and the Planet–and What We Can Do About It, Verso.

Khanna, Pierre Smith(2022), Sustainable Masculinities and Degrowth: Pathways to Feminist Post-Growth Societies. Junior Research Fellowship 2021, Institute for Political Ecology.

Kimball, Gayle(2021), "Characteristics of Generation Z Climate Activists," *Academia Letters* Article 607, https://doi.org/10.20935/AL607.

Kuhl, Mara(2012), *The Gender Dimensions of the Green New Deal-an analysis of policy papers of the Greens/EFA New Deal Working Group*, The Greens/EFA Group in the European Parliament.

Milman, Oliver(2021), "World is failing to make changes needed to avoid climate breakdown," *The Guardian*, 2021.10.28.

Nedelsky, Jennifer and Tome Malleson(2023), *Part-Time For All: A Care Manifesto*, Oxford University Press.

Power, N(2009), *One Dimensional Woman*, Zero Books.

Power, Nina(2021a), "Life and Humanity in Covid Times with Reference to Ivan Illich and Giorgio Agamben," *Nina Power*, 2021.8.30.

Power, Nina(2021b), "The Politics of Care: Rethinking Collective Being in the Wake of COVID-19", *Nina Power*, posted 2020.8.26.

Sachs, Wolfgang(2023), "Sufficiency," in *Handbook of the Anthropocene*, Springer.

Schmelzer, Matthias(2015), "The growth paradigm: History, hegemony, and the contested making of economic growthmanship," *Ecological Economics,* Volume 118: 262-271.

Soper, Kate, *Post-Growth Living: For an Alternative Hedonism*, Verso, 2021.

Takenobu Mieko(2016), Observing Japan's Low Growth Society from a Gender Perspective: Gender Discrimination as an Obstacle to Adopting Low Growth, 『일본비평』 15.

Tobin, Katie. Daniel, Tara. Bigda, Lindsay and Burns, Bridget(2024), *Towards Economic and Climate Justice: A feminist analysis of critical trends*, Feminist Action Nexus.

2024.1.18. WEDO.

Tronto, Joan. "There Is An Alternative: homines curans and the Limits of Neoliberalism," *International Journal of Care and Caring* 1(1):27-43.

Turquet, Laura(2021), *Beyond Covid-19: A Feminist Plan for Sustainability and Social Justice*, UN WOMEN.

Turquet, Laura. Tabbush, Constanza. Staab, Silke. Williams, Loui. and Howell, Brianna(2023), *FEMINIST CLIMATE JUSTICE : A Framework for Action*, UN Women.

박치완 / 로컬 중심의 대안적 세계화 기획

김수자·송태현(2010), 「맥도날드화를 통해 본 세계화와 지구지역화」, 『탈경계인문학』 3(3): 63-83.

박치완(2012), 「문화/콘텐츠 연구의 현안과 과제: 세계화에서 세계지역화로」, 『동서사상』 13: 93-120.

박치완(2015), 「글로컬 시대, 문화 해석의 새로운 지평」, 『철학탐구』 38: 243-274.

박치완(2017), 「인문학의 이중고: 글로벌 표준화와 로컬의 문맥화」, 『철학연구』 56: 269-302.

박치완(2016), 「저개발의 의식과 이중의 자기소외: 소설 『저개발의 기억』 다시 읽기」, 『인문학연구』 105: 7-121.

박치완(2019), 『호모 글로칼리쿠스』, 서울: 한국외국어대학교 지식출판콘텐츠원.

박치완(2020), 「지역-로컬 지식의 재건 운동과 지역세계화의 의미」, 『현대유럽철학연구』 56: 275-320.

박치완(2020), 「'유럽의 지방화' 논제와 계몽주의적 보편주의 비판」, 『현상학과 현대철학』 84: 109-143.

송준(2013), 「세계화 대응전략과 지역문화의 중요성」, 『한국민속학』 58: 203-234.

송효섭(2011), 「글로컬 시대의 기호학」, 『비교한국학』 19(3): 225-249.

이기상(2006), 「지구지역화와 문화콘텐츠: 지구촌 시대가 기대하는 한국 문화의 르네상스」, 『인문콘텐츠』 8: 7-37.

이재하. 1997), 「세계화 시대에 적실한 지역연구방법론 모색: 세계체제론적 지역지리학의 보완을 중심으로」, 『한국지역지리학회지』 3(1): 11-134.

임현진(2011), 「지구적 변환, 아시아의 부상, 그리고 한국이 역할」, 『아시아리뷰』 1(2): 23-50.

천득염(2017), 「'지역문화학'의 의미와 과제」, 『지역과 문화』 4(3): 1-15.

홍순권(2010), 「글로컬리즘과 지역문화연구」, 『석당논총』 46: 1-17.

Alfino, M. et al. (ed.)(1998), *McDonaldization Revisited: critical essays on consumer culture*, Praeger: Westport.

Axford, B(2013), *Theories of Globalization*, Polity Press.

Fuchs, C(2010), "Critical Globalization Studies: An Empirical and Theoretical Analysis of the New Imperialism", *Science & Sociology*, 74(2): 215-347.

Giddens, A(1990), *The Consequences of Modernity*, Stanford, California: Stanford University Press.

Giulianotti, R., Robertson, R(2007), "Forms of Glocalization: Globalization and the Migration Strategies of Scottish Football Fans in North America", *Sociology*, 41(1): 133-152.

Harding, S(1991), *Whose Science, Whose Knowledge*, Ithaca: Cornell University Press.

Harvey, D(2005), *A Brief History of Neoliberalism*, Oxford University.

Krishna, S(2009), *Globalization and Postcolonialism. Hegemony and Resistance in the Twenty-first Century*, Rowman & Littlefield Publishers.

Kumaravadivelu, B. (ed.)(2008), *Cultural Globalization and Language Education*, Yale University Press.

Marcuse, H(1968), *L'Homme unidimensionnel*, Minuit.

Patel, P. & Lynch, H(2013), "Glocalization as an Alternative to Internationalization in Higher Education: Embedding Positive Glocal Learning Perspectives,"

International Journal of Teaching and Learning in Higher Education, 25(2): 223-230.

Ritzer, G (1993), *The McDonaldization of Society*, Sage.

_____ (1998), *The McDonaldization Thesis: Exploration and Extensions*, Sage.

_____ (2006[2004]), *The Globalization of Nothing*, Pine Forge Press.

_____ (2010), *Globalization: A Basic Text*, Wiley-Blackwell.

_____ (2012), *The Wiley-Blackwell Encyclopedia of Globalization*, The Wiley-Blackwell.

_____ (2019), *The McDonaldization of Society Into the Digital Age*, Sage.

Roberts, J (2005), "The Ritzerization of knowledge," *Critical Perspective on International Business*, 1(1): 56-63.

Robertson, R.(1992), *Globalization: Social Theory and Global Culture, London*, Sage.

_____ (1994), "Globalisation or glocalisation?," *Journal of International Communication*, 1(1): 191-208.

_____ (1995), "Glocalization: Time-space and homogeneity-heterogeneity," M. Featherstone, S. Lash, & R. Robertson (eds.), *Global Modernities*, Sage.

_____ (2003), "The conceptual promise of glocalization: Commonality and diversity," *International Forum on Cultural Diversity and Common Values*, Korean national commission for UNESCO, Gyeongju World Culture EXPO Organizing Committee.

_____ (2014), *European Glocalization in Global Context*, Basingstoke: Palgrave Macmillan.

Roudometof, V (2016), "Theorizing glocalization: Three interpretations," *European Journal of Social Theory*, 19(3): 1-18.

_____ (2016), *Glocalization: A Critical Introduction*, Routledge.

Scholte, J. A. (ed.)(2005), *Globalization: A Critical Introduction*, Palgrave Macmillan.

Smart, B (1999), *Resisting McDonaldization*, Sage.

Strassoldo, R.(2015), "The Meaning of Localism in a Global World," *The Global and the local in mobile communication*, Passagen Verlag.

Wallerstein, I(1974), *The Modern World System*, New York: Academic Press.

문재원 / 로컬, 로컬리티와 젠더

김보명(2019), 「교차성이 묻고자 하는 것들」, 『오늘의 문예비평』 115.

김수환(2008), 「'경계' 개념에 대한 문화기호학적 접근」, 『기호학 연구』 23.

김용철·안영진(2014), 「로컬리티 재구성 과정에 대한 이론적 분석틀」, 『한국경제지리 학회지』 17-2 p. 428.

문재원(2017), 「혐오와 친화 사이에서, 도시에서 마주친 여성들」, 『동북아시아문화연 구』 50.

문재원(2023), 「부산 신발 여공의 정체화와 로컬리티: 여성노동자의 기억과 자기발화 는 로컬리티에 어떻게 개입하는가?」, 『동북아문화연구』 77.

문재원 외(2017), 『로컬리티 담론과 인문학』, 소명출판.

민가영(2009), 「트랜스(trans) 개념을 통한 저소득층 십대 이주 여성의 반복적 이주에 관한 연구」, 『한국여성학』 25.

박경환(2011), 「글로벌, 로컬, 스케일: 공간과 장소를 둘러싼 정치」, 『로컬리티 인문 학』 5.

임대근(2016), 「트랜스 아이덴티티의 개념과 유형: 캐릭터, 스토리텔링, 담론」, 『외국 문학연구』 65, p. 139.

이유혁(2017), 「정치적 주체로서 난민에 대하여」, 『다문화와 평화』 11-1, p. 205.

이현재(2016), 『여성혐오, 그 후』, 들녘.

장세용 외(2017), 『젠더와 로컬리티』, 소명출판.

조명기(2014), 「로컬 주도적 다문화주의의 의미와 가능성: 윤리와 문화를 중심으로」, 『로컬리티 인문학』 12, 부산대 한국민족문화연구소, p. 68.

A. 메리필드(2015), 『마주침의 정치』, 김병화 옮김, 이후.

A. Apparadurai(1996), *Modernity at Large: Cultural dimensions of globalization*, Minneapolis: University of Minnesota Press, p. 178.

C. Greiner & P. Sakdapolrak(2013), "Translocality: Concepts, Applications and Emerging Research Perspectives," *Geography Compass* vol 7, p. 380;

D. Conradson & D. Mckay(2007), "Translocal subjectivities: mobility, connection, emotion," *Mobilities* 2-2,

D. Massey(2015),『공간 장소 젠더』, 정현주 옮김, 서울대출판문화원, p. 250.

D. Massey(2016),『공간을 위하여』, 박경환·이영민·이용균 옮김, 심산.

D. Harvey(2017),『포스트모더니티의 조건』, 구동회·박영민 옮김, 한울.

G. Rose(2011),『페미니즘과 지리학』, 정현주 옮김, 한길사.

D. Conradson & D. Mckay(2007), "Translocal subjectivities: mobility, connection, emotion," *Mobilities* 2-2.

E. 펜티넨, A. 킨실레토(2018),『젠더와 모빌리티』, 부산대출판부.

J. 랑시에르(2013),『정치적인 것의 가장자리에서』, 양창렬 옮김, 길.

J. 말파스(2014),『장소와 경험』, 김지혜 옮김, 에코리브르.

K. Crenshaw(2012), "From Private Violence to Mass Incarceration: Thinking Intersectionally About Women, Race, and Social Control," *UCLA Law Review*, 59(6), pp. 1466-1467.

G. Clemens(2010), "Patterns of Translocality: Migration, Livelihoods and Identities in Northwest Namibia," *Sociologus* Vol. 60-2, p. 136.

K. Crenshaw(2016), "The Urgency of Intersectionality," A talk at TEDWomen [video file], https://www.google.com/search?q=The+Urgency+of+Intersectionality(검색일: 2024.2.3).

L. McDowell(1999), *Gender, Identity, and Place*, Universty of Press Minneapolis.

R. 베라클러프(2017),『여공문학』, 김원· 노지승 옮김, 후마니타스.

금인숙·김성건·조창희(2016), 『생명과학, 논란과 쟁점』, 고두미.

김철규(2020), 「세계체계의 변화와 한국의 농식품체계: 식량체제론을 중심으로」, 『아시아리뷰』 20: 85-112.

김흥주·김종철·송원규·신강협·이현진·정숙정·진주(2022), 『기후위기와 농어민 인권에 관한 실태조사』, 국가인권위원회.

김흥주·안윤숙(2018), 「친환경 생산농가의 기후변화인식」, 『대한지리학회 학술대회 논문집』 115-116.

농촌진흥청(2023), 『2022년 농업인 업무상 질병 조사』.

러딕, 사라(2010), 「모성적 사고」, 『페미니즘 시각에서 본 가족』, 권오주 외 옮김, 한울아카데미.

로저스, 헤더(2012), 『에코의 함정: 녹색 탈을 쓴 소비 자본주의』, 추선영 옮김, 이후.

박민선·정숙정(2022), 「인정투쟁에서 법적투쟁으로: 여성농업인의 지위 향상 방안」, 『농촌사회』 32(1): 215-228.

박지은(2020), 「농촌가족노동의 분화와 여성의 역할」, 『농촌사회』 30(2): 65-121.

시바, 반다나(2002), 「여성의 토착지식과 생물다양성 보존」, 『에코페미니즘』, 손덕수·이난아 옮김, 창비.

와츠맨, 주디(2001), 『페미니즘과 기술』, 조주현 옮김, 당대.

윤수종(2018), 「농생태학은 어떻게 지속가능한 농업을 실천하는가?」, 『한국농촌사회학회 2018년도 정기학술대회 발표 자료집』 2018.5.18, 건국대학교 산학협동관, 251-258.

이순미·채홍기·김정섭·김소희(2022), 『귀농·귀촌 지원정책 특정성별영향평가』, 여성가족부.

조옥라(1992), 「농민가족과 도시빈민가족에서 여성의 경제활동에 대한 비교 연구」, 『한국문화인류학』 24: 67-94.

정숙정(2019), 「계절적 미등록이주노동자 유입 현황과 사회적 묵인」, 『농촌사회』 29(1): 69-106.

정숙정(2021), 「여성×농민의 교차성: 여성 농민의 불평등 경험과 정체성」, 『농촌사회』 31(1): 93-153.

정숙정·최경화(2022), 「가업승계농 육성에 대한 여성 농민의 의사 결정 요인」, 『농촌사회』 32(1): 157-188.

최동필·김경수·이민지(2022), 「한국 농업인의 쯔쯔가무시증 발병률: 농업인안전보험 자료를 이용하여」, 『건강 정보 통계』 47(4): 357-362.

통계청(2022), 『농림어업조사』.

통계청(2023), 『2022년 농가 및 어가 경제조사 결과』.

하종식·정휘철(2014), 『기후변화 폭염 대응을 위한 중장기적 적응대책 수립 연구』, 한국환경정책평가연구원.

Berry, H. L., Waite, T. D., Dear, K. B. G., Capon, A. G., & Murray, V(2018), "The case for systems thinking about climate change and mental health," *Nature Climate Change* 8(4): 282-290.

Brandth, Berit(2001), *The Gender of Agrilculture. Trondhei*, Norwegian University of Science and Technology.

Doherty. Thomas J. and Clayton, Susan(2011), "The Psychological Impacts of Global Climate Change," *American Psychologist* 66(4): 263-276.

Obradovich, N., Migliorini, R., Paulus, M. P., & Rahwan, I(2018), "Empirical evidence of mental health risks posed by climate change," *Proceedings of the National Academy of Sciences of the United States of America*, 115(43), 10953. Retrieved from http://lps3.search.proquest.com.libproxy.knu.ac.kr/docview/2130273150?ac countid=11933.

Skutnabb-Kangas, Tove. Maffi, Luisa and Harmon, David(2003), *Sharing a World of Difference-the Earth's linguistic cultural and biological diversith*, UNESCO.

Symon, C., Arris, L., & Heel, B(2005), *Arctic climate impact assessment*, Cambridge, England: Cambridge University Press.

강지연(2021), 「여성 중심 도시농업의 공동체경제와 지역 돌봄: 서울시 금천구 사례를 중심으로」, 『농촌사회』 31(2): 65-134.

김동복·김선아·박산솔 외(2020), 『슬기로운 뉴 로컬생활: 서울 밖에서 답을 찾는 로컬 탐구 보고서』, 스토어하우스.

김현미(2020), 「코로나 시대의 '젠더위기'와 생태주의 사회적 재생산의 미래」, 『젠더와 문화』 13(2): 41-77.

김현미(2022), 「국경을 넘는 여자들: 전 지구적 돌봄노동의 이주 속 인종·젠더·계급 불평등」, 조한진희×다른몸들 엮음, 『돌봄이 돌보는 세계: 취약함을 가능성으로, 공존을 향한 새로운 질서』, 동아시아, pp. 284-310.

노르베리 호지, 헬레나(2018), 『로컬의 미래: 헬레나와의 대화』, 최요한 옮김, 남해의 봄날.

달라 코스따, 마리아로사(2017), 『집안의 노동자: 뉴딜이 기획한 가족과 여성』, 김현지·이영주 옮김, 갈무리.

달리사, 자코모·페데리코 데마리아·마르코 데리우(2018), 「돌봄」, 자코모 달리사·페데리코 데마리아·요르고스 칼리스 엮음, 『탈성장 개념어 사전: 무소유가 죽음이 아니듯, 탈성장도 종말이 아니다』, 강이현 옮김, 그물코, pp. 124-129.

더 케어 컬렉티브(2021), 『돌봄 선언: 상호 의존의 정치학』, 정소영 옮김, 니케북스.

데 블레이, 하름(2009), 『공간의 힘: 지리학, 운명, 세계화의 울퉁불퉁한 풍경』, 황근하 옮김, 천지인.

라투슈, 세르주(2014), 『탈성장사회: 소비사회로부터의 탈출』, 양상모 옮김, 오래된생각.

박고은·김규혜(2021), 「필수노동자의 일터 위험은 재난 시기에 어떻게 확대(재)생산되는가: 코로나19와 성동구 돌봄노동자 사례를 중심으로」, 『비판사회정책』 71: 83-124.

박주연(2022), 「'코로나 시대'의 성별화된 돌봄노동과 부모 노릇」, 『한국여성학』 38(4): 195-227.

백영경(2022), 「지구의 성장이 멈추는 곳에서 돌봄은 시작된다: 돌봄과 탈식민은 탈성장과 어떻게 만나는가」, 조한진희×다른몸들 엮음, 『돌봄이 돌보는 세계: 취약함을 가능성으로, 공존을 향한 새로운 질서』, 동아시아, pp. 311-335.

석재은(2020), 「코로나19 국면에서 재조명된 장기요양 돌봄노동자의 취약성과 사회적 과제」, 『한국사회복지학』 72(4): 125-149.

일리치, 이반(2015), 『그림자 노동』, 노승영 옮김, 사월의책.

진명숙(2020), 「친밀과 돌봄의 정치경제학: 충남 홍동 지역 여성들의 활동을 중심으로」, 『한국문화인류학』 53(2): 51-115.

키테이, 에바 페더(2016), 『돌봄: 사랑의 노동』, 김희강·나상원 옮김, 박영사.

프레이저, 낸시(2017), 『전진하는 페미니즘: 여성주의 상상력, 반란과 반전의 역사』, 임옥희 옮김, 돌베개.

Abdal, Alexandre and Douglas M. Ferreira(2021), "Deglobalization, Globalization, and the Pandemic: Current Impasses of the Capitalist World-Economy," *Journal of World-Systems Research* 27(1): 202-230.

Butollo, Florian and Cornelia Staritz(2022), *Deglobalization, Reconfiguration, or Business as Usual? COVID-19 and the Limits of Reshoring of Globalized Production*, Berlin: Weizenbaum Institute for the Networked Society.

Care*Ak Frankfurt(2014), "Care is the Love? Einige Überlegungen zu Stärken und Fallstricken der aktuellen Debatte um Care-Arbeit," *Widersprüche* 34(4): 75-85.

Dullien, Sebastian(2021), "Nach Corona kommt die Deglobalisierung," *Böckler Impuls* 2: 2-3.

Eder, Julia(2020), "Von Global zu (mehr)regional?: Die Wirtschaft nach Corona umgestalten!," *Perspektiven* 5: 1-4.

Fraser, Nancy(2016), "Contradictions of Capital and Care," *New Left Review* 100: 99-117.

Scholz, Sylka und Andreas Heilmann(Hrsg.)(2019. *Caring Masculinities? Männlichkeiten in der Transformation kapitalistischer Wachstumsgesellschaften*,

München: Oekom Verlag.

Wichterich, Christa(2021), "Covid-19, Care und die Krise als Chance: Zur Aktulaisierung des Konzepts der imperialen Lebensweise," *PROKLA: Zeitschrift für kritische Sozialwissenschaft* 51(4): 755-766.

Williamson, Peter(2021), "De-Globalisation and Decoupling: Post-COVID-19 Myths versus Realities," *Management and Organization Review* 17(1): 29-34.

국립국어원(2022), '지역', 『표준국어대사전』, https://stdict.korean.go.kr/search/searchView.do(검색일: 2023.4.6).

김혜선(2023), 「'필리핀 도우미'로 女 경력 단절 해결… 서울시부터 시범사업」, 『여성경제신문』, 2023.5.10, https://www.womaneconomy.co.kr/news/articleView.html?idxno=216891(검색일: 2023.5.12).

United Nations(2020), "Policy Brief: The Impact of COVID-19 on Women," https://www.unwomen.org/en/digital-library/publications/2020/04/policy-brief-the-impact-of-covid-19-on-women(검색일: 2023.4.28).

UN Women(2020), "COVID-19 Sends the Care Economy Deeper Into Crisis Mode," https://data.unwomen.org/features/covid-19-sends-care-economy-deeper-crisis-mode(검색일: 2023.4.28).

UN Women(2023), "Care Work: Increased Burdens for Women," https://www.unwomen.org/en/hq-complex-page/covid-19-rebuilding-for-resilience/care-work(검색일: 2023. 4.28).

김재경 / 전환시대의 지역력 회복, 자조와 협동으로

김혜원·길현종·이은선·정준서(2022), 『제4차 사회적기업 육성 기본계획 수립을 위한 기초연구』, 고용노동부.

김영희(2022), 「안심마을 공동체 사회적경제 활성화과정 연구」(미발행원고).

김의영 외(2018),『동네안의 시민경제』, 푸른길.

김종걸(2020),『자유로서의 사회적경제』, 북사피엔스.

김재경(2020),「코로나19 위기 속 사회적경제의 대응」,『생협평론』, 39: 51-70.

김재경(2022),「복합위기의 시대, 협력경제로 상생을 모색하다」,『가톨릭평론』, 38: 121-132.

낸스 폴브레(2007),『보이지 않는 가슴』, 또하나의문화.

다나카 히데키(2021),『협동의 재발견: '작은 협동'의 발전과 협동조합의 미래』, 세이 프넥지원센터 국제팀 옮김, 쿱드림.

대구광역시 사회적경제지원센터(2020),「코로나19 극복을 위한 대구 사회적경제의 노력과 과제」 발표 자료.

대구광역시 사회적경제지원센터(2021),「코로나19이후 대구 사회적경제의 역할과 사업방향」 발표 자료.

대구광역시 사회적경제지원센터(2022),『안심협동조합네트워크 '안심맵' 결과 보고 서』.

대구광역시 사회적경제지원센터(2023),「사업계획서」 발표 자료.

전인·박여진·배성경(2020),『어둠을 밝힌 사회적경제의 善(SUN)한 빛』.

대구정책연구원(2023),『대구 경제 동향』.

박유진(2019),「정부, 지역공동체 강화로 사회적경제활성화 나선다」, 이로운넷.

삼성경제연구소(2009),『청년 취업을 위한 사회적기업의 역할』.

신협서울협의회 퀘벡연수단,『2015, 퀘벡 협동조합 연수보고서』, 신협서울협의회.

안심마을교육공동체(2018),『안심에서 놀며 자란다』, 동네책방00협동조합.

안심협동조합(2023),『신기방기한 동네가게 안심협동조합』, 동네책방共共협동조합.

양준호·남승균·박창규·곽동혁·이점순·송지현·이상헌(2022),『시민이 주도하는 지역 순환경제』, 한울엠플러스.

유한밀(2021),「청년들 여기에 있었다」,『생협평론』, 45: 149-153.

이영아(2013),『평범하지만 특별한 안심지역』, 연구보고서.

커뮤니티와경제(2023),「2023 권역별 사회적기업 지원사업」 발표 자료.

커뮤니티와경제(2023),『2023 대구광역시 (예비)사회적기업 경영분석』.

통계청(2023), 『2022년 기업생멸행정통계 결과』 보도자료 2023.12.21.

홍기빈(2012), 『살림/살이 경제학을 위하여』, 지식의날개.

OECD(2022), *Mapping social and solidarity economy ecosystems around the world, understanding the country fact sheets.*

지은이 소개 (가나다순)

계명대학교 여성학연구소 인문사회연구사업단

'전환의 시대, 지역, 여성 그리고 삶의 생산'을 주제로 하는 계명대학교 여성학연구소 인문사회연구사업단은 코로나19라는 전 지구적 재난을 거치며 우리의 생활양식을 전면적으로 바꾸어야 한다는 목소리가 커지고 있는 '전환의 시대'를 맞아, '지역', '여성' 그리고 '삶의 생산'을 핵심 키워드로 하여, 구체적인 삶의 터전이자 현장으로서의 지역의 중요성으로 시선을 돌리는 한편으로, 지역을 '상품의 생산'을 위한 공간이 아니라 '삶의 생산'을 위한 공간으로 변화시켜 나가고자 노력하고 있다. 2022년 9월 교육부와 한국연구재단의 인문사회연구소지원사업에 신규 선정되어 전환의 시대를 젠더 관점에서 조망하기 시작한 이후로, 현재는 1단계 2차년도 연구를 진행 중이다.

김은희

에코페미니즘연구센터 달과나무 소장으로 활동하고 있다. 젠더법학과 사회학을 공부했고, 여성운동에 발을 들인 이후로 젠더정책과 페미니스트 정치를 주요 의제로 삼아왔다. 민주주의와 시민 되기, 자치와 자급 등이 주요한 관심사이다. 이제는 은퇴한 여성운동 활동가로 삶을 꾸리면서 기후위기 시대에 함께 살아가기를 고민하고 있다.

함께 쓴 책으로『여성정치할당제: 보이지 않는 벽에 문을 내다』,『그럼에도 페미니즘』,『1990년대 이후 한국여성운동사 특강』,『우리는 지구를 떠나지 않는다』 등이 있고, 주요 논문으로는「비례대표제 확대와 여성의 정치적 대표성」,「여성정치대표성과 할당제」,「한국에 온 '남녀동수': 페미니스트 정치의 대안이 될 수 있을까?」 등이 있다.

김재경

(사)커뮤니티와경제 상임이사/소장으로 있으며, 대구사회적경제지원센터장으로도 재직 중이다. 독일뮌스터대학교에서 사회학 박사학위를 받았고, 경희대 기업경영연구소에서 포스트닥터과정을 수료했다. 경희대, 동아대, 대구대, 대구가톨릭대 등에서 강의하면서, 대구MBC에서 〈김재경의 여론현장〉을 진행하였고, 온오프라인의 여러 매체에 칼럼을 기고하는 등 활동의 현장성을 중요시하였다. 주요 관심사는 사회변동 및 사회운동, 사회적경제와 사회혁신, 지역과 생활 세계, 마을 공동체 등이다.

함께 쓴 책으로『사회적경제와 도시재생』,『대한민국에 지방도 있다』『전환의 도시 대구, 미래와 비전』,『전환의 도시 대구 II, 1970~2010』 등이 있고, 주요 논문으로「복합위기의 시대, 협력경제로 상생을 모색하다」,「코로나19 위기 속 사회적경제의 대응」,「독일의 동반자적 노사문화를 통한 일자리 창출과 한국 사회에의 함의」 등이 있다.

문재원

부산대학교 한국민족문화연구소와 대학원 여성학협동과정 운영에 참여하고 있다. 부산대학교에서 문학으로 박사학위를 받았고, 부산대 여성연구소 소장을 역임했다. 주요 관심사는 젠더와 로컬리티, 트랜스로컬리티, 문화정치 등이다.

주요 저서로는『로컬리티 담론과 인문학』,『젠더와 로컬리티』(공저),『이주와 로컬리티의 재구성』(공저) 등이 있고, 주요 논문으로는「혐오와 친화 사이에서, 도시와 마주친 여성들」,「『토지』에 재현된 신여성과 젠더정치」,「부산 신발여공의 정체화와 로컬리티」 등이 있다.

박치완

프랑스 부르곤뉴 대학교(Univ. de Bourgogne)에서 철학 박사학위를 받았고, 현재 한국외국어대학교 철학과 교수로 재직 중이다.

주요 저서로는『글로컬 시대의 철학과 문화의 해방선언』,『호모 글로칼리쿠스』,『이데아로부터 시뮬라크르까지』 등이 있으며, 주요 논문으로 「코기토의 과거와 미래로써 메를로-퐁티의 암묵적 코기토」, 「특수적 보편주의로서 아렌트의 유대-문화론」, 「탈식민적 관점에서 카뮈의『이방인』 (다시) 읽기」 등이 있다.

박혜영

인하대학교 영어영문학과 교수로 재직 중이다. 영국 글래스고대학에서 낭만주의 영시로 박사학위를 받았다. 에코페미니즘에 관심이 많아 현재 한국여성환경연대의 에코페미니즘 연구소 '달과나무'의 연구원으로도 활동 중이다. 젠더, 생태, 과학기술 등에 관심이 많다.

주요 논문으로는 「코로나시대의 새로운 타자구성과 접촉공간의 변모에 대한 생태적 성찰」, 「신자유주의 시대의 젠더구성과 남성성의 변화」이 있고, 저서로는 생태작가들을 소개한『느낌의 0도: 다른 날을 여는 아홉 개의 상상력』이 있다.

안숙영

계명대학교 정책대학원 여성학과 교수로 재직 중이다. 독일 베를린자유대학교에서 정치학으로 박사학위를 받았고, 부산대 여성연구소에서 SSK 공간주권 연구팀의 전임 연구원으로 있었다. 주요 관심사는 젠더와 정치, 젠더와 공간 및 젠더와 돌봄 등이다. 주요 저서로『젠더, 공간, 권력』,『돌봄이 돌보는 세계: 취약함을 가능성으로, 공존을 향한 새로운 질서』(공저),『공간주권으로의 초대』(공저) 등이 있고, 주요 논문으로는 「전환의 시대와 젠더: 상품의 생산을 넘어 삶의 생산으로」, 「독일에서의 탈성장 운동과 돌보는 남성성 논의」, 「독일에서의 젠더와 돌봄혁명 논의」, 「젠더와 노동: 탈노동사회를 향한 상상」 등이 있다.

정숙정

계명대학교 여성학연구소 전임연구원으로 재직 중이다. 경북대학교에서 사회학으로 박사학위를 받았고, 경북대 사회학과 강사로 젠더 관련 과목을 강의하고 있다. 주요 관심사는 지역, 젠더, 농촌, 노년이다.

주요 논문으로 「농촌 여성노인의 생애 과정에 나타난 교차적 억압과 노년기 자아의 긴장」, 「가업승계농 육성에 대한 여성농민의 의사 결정 요인」, 「계절적 미등록이주노동자 유입 현황과 사회적 묵인: 감·곶감 주산지 사례를 중심으로」 등이 있으며, 저서로 『충북여성사』(공저), 『기후위기 시대를 건너는 여성농민』 등이 있다.

계명대학교 여성학연구소
전환의 시대와 젠더 연구총서 1

전환의 시대, 지역과 여성에서 길을 찾다

초판 1쇄 발행 2024년 6월 10일

엮은이 계명대학교 여성학연구소 인문사회연구사업단
지은이 김은희 김재경 문재원 박치완 박혜영 안숙영 정숙정
펴낸이 오은지
편집 오은지
디자인 박대성
제작 세걸음

펴낸곳 도서출판 한티재
등록 2010년 4월 12일 제2010-000010호
주소 42087 대구시 수성구 달구벌대로 492길 15   **전화** 053-743-8368
팩스 053-743-8367   **전자우편** hantibooks@gmail.com
블로그 blog.naver.com/hanti_books
한티재 온라인 책창고 hantijae-bookstore.com

ⓒ 김은희 김재경 문재원 박치완 박혜영 안숙영 정숙정
ISBN 979-11-92455-45-7 93330

이 저서는 2022년 대한민국 교육부와 한국연구재단의 지원을 받아 수행된 연구임.
(NRF-2022S1A5C2A02090708)